- Überblick
- Urlaubsformen
- Länder im Überblick
- Anhang

Reise Know-How im Internet

Aktuelle Reisetipps und Neuigkeiten
Ergänzungen nach Redaktionsschluss
Büchershop und Sonderangebote
Weiterführende Links zu über 100 Ländern

www.reise-know-how.de
info@reise-know-how.de

Wir freuen uns über Anregung und Kritik.

Hans Hörauf
Wann wohin reisen?

„Wem Gott will rechte Gunst erweisen,
den schickt er in die weite Welt ..."

Joseph Freiherr von Eichendorff

Impressum

Wir freuen uns über Kritik, Kommentare und Verbesserungsvorschläge.

Hans Hörauf
Wann wohin reisen?
erschienen im
REISE KNOW-HOW Verlag Peter Rump GmbH, Bielefeld
Osnabrücker Straße 79, 33649 Bielefeld

Alle Informationen in diesem Buch sind vom Autor mit größter Sorgfalt gesammelt und vom Lektorat des Verlages gewissenhaft bearbeitet und überprüft worden.

Herausgeber: Klaus Werner

© Peter Rump
1. Auflage 2003
Alle Rechte vorbehalten.

Gestaltung
Umschlag: G. Pawlak, P. Rump (Layout), K. Werner (Realisierung)
Inhalt: G. Pawlak (Layout), K. Werner (Realisierung)
Fotos: Martin Hörauf (mh), K. Werner (kw), D. Elsen (de)
Titelbild: Friedemann Dauner
Landkarten: Thomas Buri

Da inhaltliche und sachliche Fehler nicht ausgeschlossen werden können, erklärt der Verlag, dass alle Angaben im Sinne der Produkthaftung ohne Garantie erfolgen und dass Verlag wie Autor keinerlei Verantwortung und Haftung für inhaltliche und sachliche Fehler übernehmen.

Druck und Bindung
Fuldaer Verlagsagentur

ISBN 3-8317-1148-8
Printed in Germany

Dieses Buch ist erhältlich in jeder Buchhandlung der BRD, Schweiz und Niederlande sowie Österreichs und Belgiens. Bitte informieren Sie Ihren Buchhändler über folgende Bezugsadressen:

BRD
Prolit GmbH, Postfach 9, D-35461 Fernwald (Annerod)
sowie alle Barsortimente

Schweiz
AVA-buch 2000, Postfach 27, CH-8910 Affoltern

Österreich
Mohr Morawa Buchvertrieb GmbH
Sulzengasse 2, A-1230 Wien

Niederlande, Belgien
Willems Adventure
Postbus 403, NL-3140 AK Maassluis

Die Nennung von Firmen und ihren Produkten und ihre Reihenfolge sind als Beispiel ohne Wertung gegenüber anderen anzusehen. Qualitäts- und Quantitätsangaben sind rein subjektive Einschätzungen des Autors und dienen keinesfalls der Bewertung von Firmen oder Produkten.

Wer im Buchhandel trotzdem kein Glück hat, bekommt unsere Bücher direkt bei: **Rump Direktversand,** Heidekampstraße 18, D-49809 Lingen (Ems) oder über unseren **Büchershop im Internet: www.reise-know-how.de**

Hans Hörauf

Wann wohin reisen?

Widmung
Dieses Buch ist meinem ebenfalls sehr reiselustigen Sohn Martin gewidmet, der mich auf die Idee brachte, ihm doch ein für alle Mal die Frage zu beantworten, wann er wo am besten Urlaub machen kann. Dank sagen möchte ich ihm auch für seine Ermunterung und für die Hilfe bei der Bebilderung des Buches durch seine gelungenen Fotos.

Inhalt

- 8 Vorwort
- 9 Hinweise zur Benutzung
  Geografische Zuordnung der Länder (9), Geografische Regionen (12), Abkürzungen (12), Landkarten (13)

18 Überblick

- 20 Die beste Reisezeit für Fernreisende
- 24 Wohin in welcher Jahreszeit?

26 Die besten Reisezeiten nach Urlaubsformen

- 28 Badeurlaub
- 36 Aktiv-Urlaub
  Segeln (36), Surfen (41), Tauchen (44), Bootstouren (48), Golfen (50), Fahrradfahren (54), Reiten (58), Wandern und Trekking (62)
- 68 Naturerlebnis
- 74 Kulturerlebnis
- 94 Tipps für Städtetouren

102 Länder im Überblick

104 Amerika
Argentinien (104), Belize (104), Bolivien (105), Brasilien (105), Chile (106), Costa Rica (107), Dominikanische Republik (107), Ecuador (107), Galapagos-Inseln (108), Guatemala (109), Kanada (109), Karibik (110), Kuba (111), Mexiko (111), Osterinsel (112), Peru (112), USA (112), Venezuela (116)

INHALT

117 Afrika
Ägypten (117), Azoren (118),
Botswana (118), Kanaren (118),
Kapverden (119), Kenia (119),
La Réunion (120), Madagaskar (120),
Madeira (121), Marokko (121),
Mauritius (122), Namibia (122),
Sambia (123), Senegal (123),
Seychellen (123), Simbabwe (124),
Südafrika (125), Tansania (126),
Tunesien (127)

128 Vorderer Orient
Iran (128), Israel (128), Jemen (129),
Jordanien (129), Oman (130),
Syrien (130), Türkei (130),
Vereinigte Arabische Emirate (131)

131 Asien
Bhutan (131), China (132), Indien (132),
Indonesien (134), Japan (134),
Kambodscha (135), Korea (135),
Laos (135), Malaysia (136), Malediven (136),
Mongolei (137), Myanmar (Burma) (137),
Nepal (137), Pakistan (138),
Philippinen (138), Singapur (138),
Sri Lanka (139), Taiwan (140),
Thailand (140), Tibet (141), Vietnam (142)

142 Südpazifik
Australien (142), Neuseeland (143),
Südsee (144)

146 Anhang

148 Nützliche Internet-Adressen
157 Register
160 Über den Autor

Vorwort

Immer mehr Menschen machen Urlaub, geplant oder spontan. „Wohin können wir wann am besten reisen?" ist dabei eine oft gehörte Frage. Um so erstaunlicher ist, dass bisher niemand eine „Erste Hilfe" für dieses „Problem" anbot. Zwar gibt es eine unübersehbare Fülle von Reisehandbüchern und Zeitschriften sowie Unmengen von Prospekten der verschiedensten Reisebüros, doch gerade dieses Überangebot ist oft eher abschreckend als hilfreich, weil es die brennende Frage nicht oder unzureichend beantwortet. So entstand die Idee eines reiselustigen Geografen und ehemaligen Reiseleiters, zu diesem Thema ein handliches Buch mit den wichtigsten Tipps zu schreiben, um Unentschlossenen wertvolle Hilfestellung für ihre Reiseplanung zu geben.

Europäische Ziele sind dabei unberücksichtigt, weil die Klimagegebenheiten in unseren Nachbarländern weitgehend bekannt sind. Sobald wir „modernen Nomaden" zu neuen, unbekannten Zielen aufbrechen und Fernreisen unternehmen wollen, wird es aber kompliziert: Wer weiß schon auf Anhieb, wann wo z. B. gerade Regenzeit ist? Lästige Regenfälle oder gar Taifune und Hurrikans können aber den lang ersehnten und verdienten Urlaub „ins Wasser fallen" lassen. Umgekehrt ist es sicher auch nicht gerade schön, bei über 40 °C im Schatten nur noch über die Hitze zu stöhnen und sich gerade noch vom Hotel zum Pool oder bis zum Strand zu schleppen. Wer will da gerne noch Ausflüge unternehmen und das Reiseland kennen lernen?

Ziel des Buches ist es, mühsames Nachschlagen im Atlas und stundenlanges Nachlesen in Büchern oder Surfen im Internet überflüssig zu machen. Vor allem stellt sich dem Unentschlossenen ja die Frage, in welcher Region oder gar bei welchem Land er seine Suche beginnen soll, solange er gar nicht weiß, wohin er wann am besten reist. Genau hierbei hilft das Buch und gibt dem Leser wichtige Hilfestellungen, damit die „schönsten Wochen des Jahres" wirklich genossen werden können.

Nun wünsche ich viel Spaß bei der Suche nach einem verlockenden Fernreiseziel!

Hans Hörauf

Hinweise zur Benutzung

Aufbau des Buches

Den interessierten Lesern zunächst einmal auf einen Blick, knapp und übersichtlich die jeweilig beste Reisezeit für ein Reisegebiet vorzustellen, war das wichtigste Ziel des Autors. Diesem Ziel dient die **Übersichtstabelle** auf Seite 21. Aus ihr wird ersichtlich, welche Länder in einer bestimmten Jahreszeit oder einem Monat sich ganz allgemein für eine Fernreise anbieten. Es wurde ganz bewusst darauf verzichtet, aufgeschlüsselte Klimatabellen vorzulegen, da die Vielzahl der statistischen Angaben zu Höchst-, Niedrigst- und Wassertemperaturen, Niederschlägen und Sonnenscheindauer nicht nur den Rahmen dieses Buches sprengen, sondern vor allem den im Studieren solcher Tabellen ungeübten Leser eher verwirren als helfen würde.

Die speziellen Anforderungen einzelner Interessensgruppen, wie Surfer, Segler, Taucher, Radler, Golfer und anderer, werden in den anschließenden **Kapiteln zu den einzelnen Urlaubsformen** berücksichtigt. Eine Zusammenfassung mit Reise-Empfehlungen in den Jahreszeiten schließt jedes dieser Kapitel ab.

Im zweiten Teil des Buches werden die wichtigsten außereuropäischen **Reiseländer kurz charakterisiert,** die besten Reisezeiten bekannt gemacht, Haupt- und Nebensaisonzeiten für die einzelnen Länder genannt und die wichtigsten Infos zu Bademöglichkeiten, Aktivitäten, Natur und Kultur des Landes vermittelt. Wer schon ein bestimmtes Ziel im Auge hat, kann sich im zweiten Teil auf einen Blick klar machen, wann er dieses am besten ansteuern sollte.

Geografische Zuordnung der Länder

Die Länder sind in jedem Kapitel nach **Erdteilen bzw. Großregionen** geordnet: Amerika, Afrika, Vorderer Orient, Asien und Südpazifik (Australien, Neuseeland und Polynesien) und innerhalb jedes Erdteils alphabetisch. Die folgende Tabelle zeigt, wo ein bestimmtes Land zu finden ist. Wegen ihrer geringen touristischen Bedeutung werden einige Länder nicht separat vorgestellt. In diesen Fällen gelten die Angaben der gesamten Region.

Hinweise zur Benutzung

Ägypten .... Afrika
Argentinien .... Amerika
Azoren .... Afrika
Australien .... Südpazifik
Bahamas .... Amerika
Belize .... Amerika
Bhutan .... Asien
Brasilien .... Amerika
Chile .... Amerika
China .... Asien
Cook-Islands .... Südpazifik (s. „Südsee")
Domin. Republik .... Amerika
Galapagos-Inseln .... Amerika
Grenada .... Amerika (s. „Karibik")
Guadeloupe .... Amerika (s. „Karibik")
Haiti .... Amerika (s. „Karibik")
Hawaii .... Amerika
Honduras .... Amerika (s. „Mittelamerika")
Indien .... Asien
Indonesien .... Asien
Iran .... Vorderer Orient
Israel .... Vorderer Orient
Jamaika .... Amerika (s. „Karibik")
Japan .... Asien
Jemen .... Vorderer Orient
Jordanien .... Vorderer Orient
Kambodscha .... Asien
Kanada .... Amerika
Kanaren .... Afrika
Kapverden .... Afrika
Karibik .... Amerika
Kenia .... Afrika
Korea .... Asien
Kuba .... Amerika
La Réunion .... Afrika
Laos .... Asien
Madagaskar .... Afrika
Malaysia .... Asien

Hinweise zur Benutzung

Malediven .... Asien
Marokko .... Afrika
Martinique .... Amerika (s. „Karibik")
Mauritius .... Afrika
Mexiko .... Amerika
Mongolei .... Asien
Myanmar (Burma) ..... Asien
Namibia .... Afrika
Nepal .... Asien
Neuseeland .... Südpazifik
Nicaragua .... Amerika (s. „Mittelamerika")
Oman .... Vorderer Orient
Osterinsel .... Amerika
Pakistan .... Asien
Peru .... Amerika
Philippinen .... Asien
Puerto Rico .... Amerika (s. „Karibik")
Senegal .... Afrika
Seychellen .... Afrika
Simbabwe .... Afrika
Singapur .... Asien
Sri Lanka .... Asien
St. Martin .... Amerika (s. „Karibik")
Südafrika .... Afrika
Südsee .... Südpazifik
Syrien .... Vorderer Orient
Taiwan .... Asien
Tansania .... Afrika
Thailand .... Asien
Tibet .... Asien
Tunesien .... Afrika
Türkei .... Vorderer Orient
USA .... Amerika
Venezuela .... Amerika
Vereinigte Arabische   Vorderer Orient
   Emirate (V. A. E.)
Vietnam .... Asien
Virgin-Islands .... Amerika (s. „Karibik")

Hinweise zur Benutzung

Geografische Regionen

Zu den im Buch genannten geografischen Regionen zählen folgende Länder:

Mittelamerika
- Belize
- Costa Rica
- El Salvador
- Guatemala
- Honduras
- Mexiko
- Nicaragua
- Panama

Kanaren
- El Hierro
- Fuerteventura
- Gomera
- Gran Canaria
- La Palma
- Lanzarote
- Teneriffa

Südostasien
- Brunei
- Indonesien
- Kambodscha
- Laos
- Malaysia
- Myanmar (Burma)
- Philippinen
- Thailand
- Vietnam

Karibik
- Bahamas
- Dominikanische Republik
- Haiti
- Jamaika
- Kuba
- Leewards-Islands:
  - St. Martin,
  - Guadeloupe,
  - St. Barts,
  - Barbuda,
  - Antigua,
  - St. Kitts
- Puerto Rico
- Virgin-Islands
- Windwards-Islands:
  - Martinique,
  - Grenada,
  - Dominica,
  - St. Lucia,
  - St. Vincent,
  - Grenadinen,
  - Barbados

Abkürzungen

HS	Hauptsaison	W	Westen
NS	Nebensaison	SO	Südosten
N	Norden	SW	Südwesten
O	Osten	NO	Nordosten
S	Süden	NW	Nordwesten

Karte Nord- und Mittelamerika

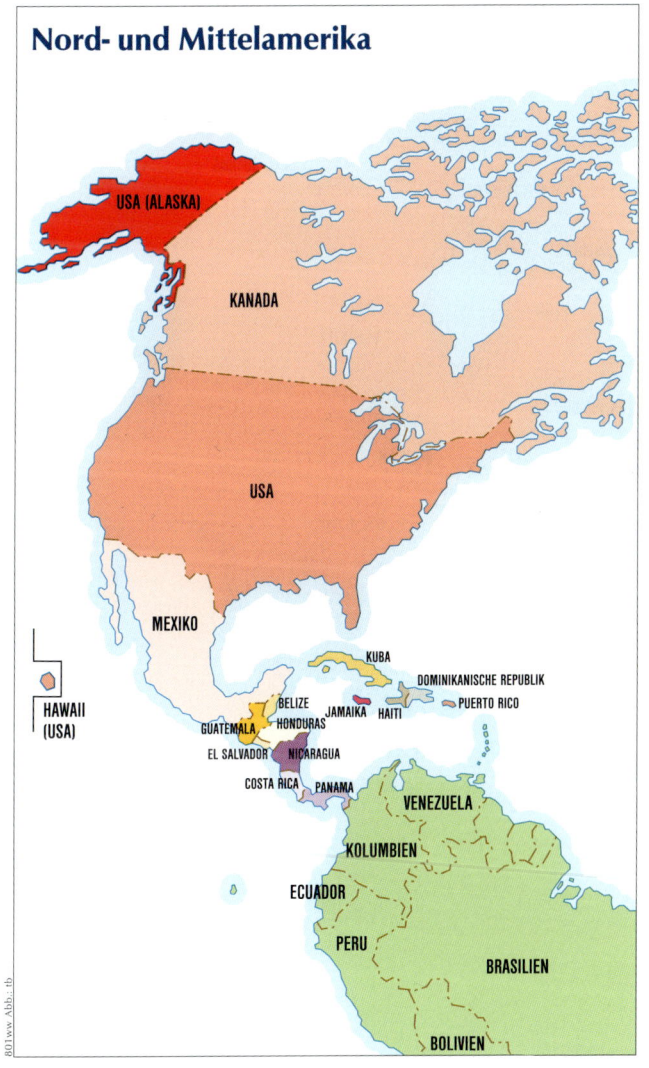

Karte Südamerika

KARTE AFRIKA UND VORDERER ORIENT

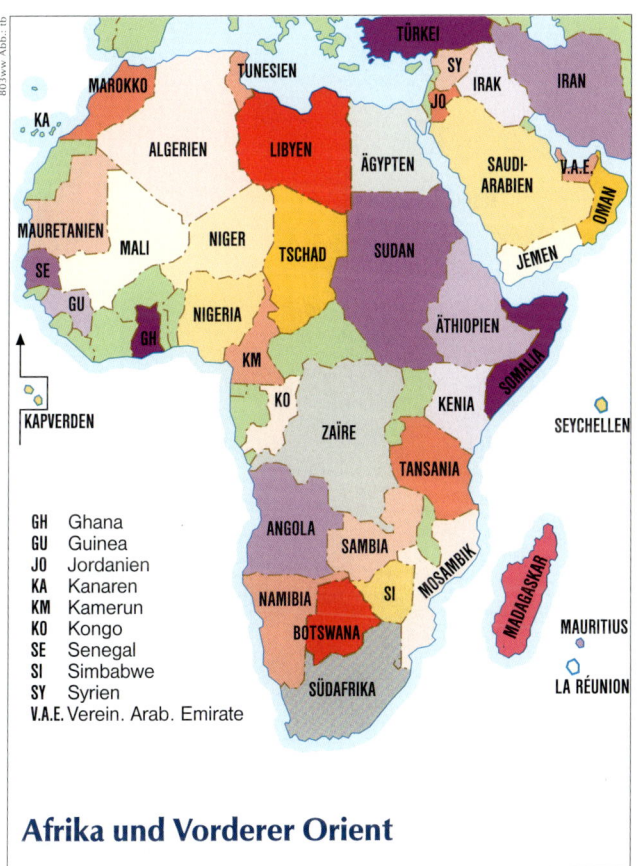

GH Ghana
GU Guinea
JO Jordanien
KA Kanaren
KM Kamerun
KO Kongo
SE Senegal
SI Simbabwe
SY Syrien
V.A.E. Verein. Arab. Emirate

Afrika und Vorderer Orient

KARTE ASIEN

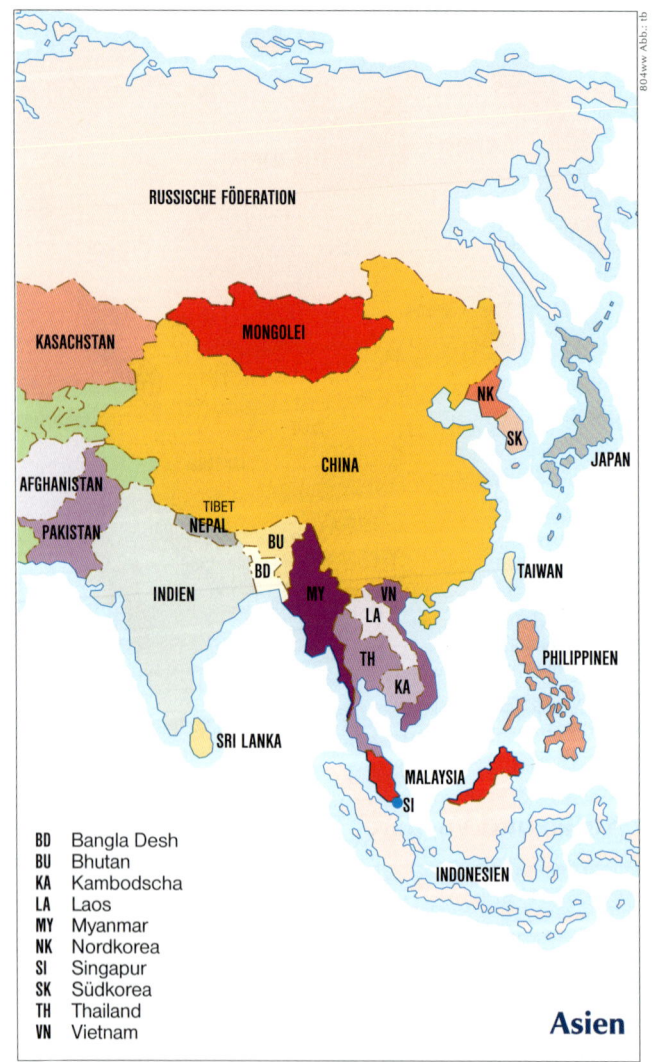

Karte Südpazifik

ÜBERBLICK

Überblick

Die beste Reisezeit für Fernreisende

Für alle Interessensgruppen eine ideale Reisezeit herauszustellen, ist nicht möglich. Denn natürlich wird der Badeurlauber auch mit hohen Temperaturen zufrieden sein, wenn nur das Wasser angenehm warm ist. Bei den sportlich Aktiven spielen wieder andere Wetterfaktoren eine große Rolle, z. B. die Wellenhöhe zum Surfen, die Windstärke zum Segeln und Windsurfen, die Klarheit des Wassers zum Tauchen usw. Dem echten Naturfreund machen auch Regen oder Kälte nicht viel aus, wenn er nur schöne Naturereignisse genießen kann. Der Kulturinteressierte schließlich kommt weitgehend ohne bestimmte Wettervorgaben aus, da viele Veranstaltungen ohnehin nicht im Freien stattfinden und häufig in Nebensaisonzeiten liegen. Für ihn ist aber ein „Kulturfahrplan" unabdingbar. Um den einzelnen Interessensgruppen spezielle Vorschläge für ihre jeweilige beste Reisezeit zu machen, wird in entsprechenden Sonderkapiteln auf sie gesondert eingegangen.

Hauptsaison nicht beste Reisezeit!
Häufig sind die Hauptsaisonzeiten keineswegs deckungsgleich mit den besten Reisezeiten, denn sie werden sehr stark von den Ferienzeiten der wichtigsten Touristenländer USA, Europa, Australien und Japan bestimmt, neuerdings in einigen Ländern auch vom inländischen Tourismus, wie z. B. in Südafrika. In jedem Fall empfiehlt es sich, diese HS-Zeiten möglichst zu meiden, da mit überfüllten Hotels und Stränden gerechnet werden muss.

Was der Durchschnittsreisende erwartet, sind niederschlagsarme, sonnige, aber nicht zu heiße oder kalte Wetterbedingungen. Zur Bestimmung der „idealen Reisezeit" wurden daher folgende Kriterien herangezogen:
1. Temperaturen zwischen etwa 20 und 30 °C.
2. Sonnenscheindauer von möglichst über 6 Stunden.
3. Trockenperioden mit wenig Niederschlägen.
4. Angenehme Badetemperaturen ab etwa 20 °C.

In der folgenden Tabelle sind die besten Reisezeiten in grüner Farbe eingetragen. Außerdem ist die ↗**Hauptsaison** mit der Abkürzung HS markiert. Die **Nebensaison** ist im Regelfall die restliche Zeit des Jah-

Die beste Reisezeit für Fernreisende

res, in der aber im Einzelfall durchaus akzeptable Reisebedingungen herrschen können. Nur in den sehr nördlich oder extrem südlich gelegenen Regionen der Erde wird es im Winter ungemütlich kalt.

In den Monsungebieten der Tropen und Subtropen kann die **Regenzeit** sehr wichtig werden für Unternehmungen aller Art, die durch sie teilweise erheblich behindert werden. Daher sind in der Tabelle die Regenzeiten zusätzlich in blau markiert. Örtliche Ausnahmen aber sind immer möglich, da El Niño das Klima durcheinander gebracht hat. Aktuelle Infos unter: www.wetter.de mit ausführlichen Infos zu Regenzeiten.

Amerika	Jan	Feb	Mär	Apr	Mai	Jun	Jul	Aug	Sep	Okt	Nov	Dez
Argentinien	HS											HS
Bahamas												
Belize												
Bolivien							HS	HS				
Brasilien	HS	HS			HS							HS
	SO	SO				S	S/SO	S				
Chile	S	S	S				HS	HS				S
Costa Rica												
Domin. Republik	HS	HS	HS	HS								HS
Ecuador							HS	HS				
Galapagos				HS			HS	HS				
Guatemala				HS			HS	HS				
Kanada						HS	HS	HS				
Karibik	HS	HS	HS	HS								HS

Die beste Reisezeit für Fernreisende

Amerika	Jan	Feb	Mär	Apr	Mai	Jun	Jul	Aug	Sep	Okt	Nov	Dez
Kuba	HS	HS	HS	HS								HS
Mexiko				HS			HS	HS				HS
Osterinsel												
Peru							HS	HS				
USA-Alaska							HS	HS	HS			
USA-Hawaii	HS	HS										HS
USA-Kalifornien							HS	HS	HS	HS	HS	HS
USA-N							HS	HS	HS			
USA-S	HS	HS	HS	HS								HS
Venezuela	HS	HS										HS

Vorderer Orient	Jan	Feb	Mär	Apr	Mai	Jun	Jul	Aug	Sep	Okt	Nov	Dez
Iran				HS								
Israel				HS								HS
Jemen				HS								
Jordanien				HS	HS	HS						
Oman												
Syrien				HS								
Türkei							HS	HS	HS			
V. A. Emirate												

DIE BESTE REISEZEIT FÜR FERNREISENDE

Asien	Jan	Feb	Mär	Apr	Mai	Jun	Jul	Aug	Sep	Okt	Nov	Dez
Bhutan	HS	HS	HS									
China-N					HS	HS						
China-S												
Indien	HS	HS	HS							HS	HS	HS
Indonesien	HS						HS	HS	HS			
Japan					HS	HS						
Kambodscha												
Korea							HS	HS				
Laos												
Malaysia	HS											HS
	O	O						W	W	W/O	W/O	O
Malediven	HS	HS	HS	HS								HS
Mongolei						HS		HS				
Myanmar (Burma)	HS											HS
Nepal			HS	HS						HS	HS	
Pakistan	HS											HS
Philippinen	HS											HS
Singapur					tropische Regenfälle ganzjährig möglich							
Sri Lanka	HS											HS

Wohin in welcher Jahreszeit?

Asien	Jan	Feb	Mär	Apr	Mai	Jun	Jul	Aug	Sep	Okt	Nov	Dez
Taiwan					HS							
Thailand	HS											HS
Tibet						HS	HS	HS				
Vietnam												

Südpazifik	Jan	Feb	Mär	Apr	Mai	Jun	Jul	Aug	Sep	Okt	Nov	Dez
Australien	HS											HS
Neuseeland	HS	HS										HS
Südsee							HS	HS				

Wohin in welcher Jahreszeit?

Legt man die im vorangehenden Kapitel genannten, allgemeinen Kriterien für die beste Reisezeit zu Grunde, können für unsere Jahreszeiten folgende Reiseempfehlungen gegeben werden:

Im Winter am besten nach

- **Amerika:** USA-S, Dominikanische Republik, Kuba, Karibik, Mexiko, Venezuela, Argentinien, Osterinseln
- **Afrika:** Ägypten, Senegal, Südafrika
- **Asien:** Arabien, Bhutan, Taiwan, Pakistan, Indien, Sri Lanka, Südostasien
- **Australien:** Australien, Neuseeland

Im Frühling am besten nach

- **Amerika:** USA-S, Dominikanische Republik, Kuba, Karibik, Mexiko, Venezuela, Argentinien, Osterinseln, Chile, Galapagos-Inseln

WOHIN IN WELCHER JAHRESZEIT?

- **Afrika:** N-Afrika (außer S-Ägypten), Namibia, Südafrika
- **Asien:** Türkei und Vorderer Orient (Israel, Syrien, Jordanien, Iran, Jemen), ab Mai nach China und Tibet, Japan, Vietnam, Laos, Kambodscha, Indonesien, Philippinen
- **Aber nicht mehr nach:** Indien, Sri Lanka, Myanmar (Burma)

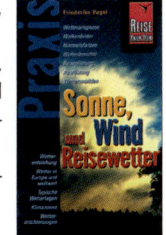

Im Sommer am besten nach

- **Amerika:** N-Amerika, Andenländer, Brasilien
- **Afrika:** (an der Küste) Marokko, Tunesien, Kenia, Seychellen, Madagaskar, Mauritius, Namibia (ab August)
- **Asien:** Türkei, Tibet, Mongolei, z. T. China, Korea, Indonesien
- **Südsee:** Cook-Inseln (erst ab Juli)
- **Aber nicht mehr nach:** S-USA, Karibik, Mittelamerika, Argentinien, S-Ägypten, Senegal, Namibia, Südafrika, Asien (außer Indonesien)

Literaturtipp
„Sonne, Wind und Reisewetter" von Frederike Vogel, Reise Know-How Verlag, Bielefeld

Im Herbst am besten nach

- **Amerika:** ganz Amerika außer Andenhochland, Argentinien und Osterinsel
- **Afrika:** ganz Afrika
- **Asien:** ganz Asien außer Tibet, Mongolei, Korea, Philippinen
- **Australien:** Australien und Neuseeland (ab Nov.)

Reisezeiten nach Urlaubsformen

Reisezeiten nach Urlaubsformen

Die besten Reisezeiten nach Urlaubsformen

Badeurlaub

Badeurlaub

Wer einen reinen Badeurlaub plant, wird höhere Lufttemperaturen als der Durchschnittstourist wünschen, da er sich ja jederzeit im frischen Nass abkühlen möchte. Auch wird dem Badefan das Baden bei zu niedrigen Wassertemperaturen keinen Spaß machen, selbst wenn die Luft angenehm temperiert ist. Regenzeiten stören nicht unbedingt, wenn nur Luft- und Wassertemperaturen stimmen und es nicht zu windig oder gar stürmisch und das Meer zu aufgewühlt ist. Auch kalte Meeresströmungen muss man kennen, um sie bei der Planung berücksichtigen zu können. All diesen Überlegungen trägt die folgende Tabelle Rechnung.

Amerika	Jan	Feb	Mär	Apr	Mai	Jun	Jul	Aug	Sep	Okt	Nov	Dez
Brasilien	✓	✓	✓	✓	✓							
Costa Rica	✓	✓	✓	✓								✓
Dom. Rep.	✓	✓	✓	✓	✓						✓	✓
Galapagos	✓	✓	✓	✓								
Hawaii	✓	✓	✓	✓	✓	✓	✓	✓	✓	✓	✓	✓
Kanada							✓	✓				
Karibik	✓	✓	✓	✓	✓	✓	✓	✓	✓	✓	✓	✓
Mexiko	✓	✓	✓	✓							✓	✓
USA-Florida					✓	✓	✓	✓	✓	✓		
USA-Kalifornien						✓	✓	✓	✓			
USA-N							✓	✓				
Venezuela	✓	✓	✓	✓								✓

BADEURLAUB

Anmerkungen
Ganzjährig möglich, aber ab Okt. oft Regen.
Ganzjährig möglich, nachmittags kurze, heftige Regen.
Ganzjährig möglich, Strände vor allem im Süden.
Sept.-Dez. diesig; jedoch ganzjährig möglich.
23-28 °C Luft-und Wassertemperatur sind die ideale Voraussetzung für Badeurlaub. Jedoch fällt in den Monaten Nov.-März viel Regen. Dabei ist der Süden trockener, der Norden und die Berge dagegen sind sehr feucht.
Die Wassertemperaturen sind sehr niedrig!
28 °C Wassertemperatur und herrliche Strände. Kuba allein hat 6000 km feinsten Sandstrand.
Mai-Sept.: Regen, schwül, Gefahr von Hurrikans.
Während der europäischen Sommer wüten gelegentlich Hurrikans.
Okt.-Apr. öfters Regen.
Nur im Sommer ausreichende Wassertemperaturen.
Ganzjährig möglich, aber ab Mai meistens starke Regenfälle.

BADEURLAUB

Afrika	Jan	Feb	Mär	Apr	Mai	Jun	Jul	Aug	Sep	Okt	Nov	Dez
Ägypten				✓	✓	✓	✓	✓	✓	✓	✓	
Azoren						✓	✓	✓	✓			
Kanaren				✓	✓	✓	✓	✓	✓	✓	✓	
Kapverden					✓	✓	✓	✓	✓	✓	✓	
Kenia						✓	✓	✓	✓	✓	✓	
Madagaskar	✓	✓	✓	✓	✓	✓	✓	✓	✓	✓	✓	✓
Marokko					✓	✓	✓	✓	✓	✓		
Mauritius	✓	✓	✓	✓	✓	✓	✓	✓	✓	✓	✓	✓
Senegal	✓	✓	✓	✓	✓						✓	✓
Seychellen	✓	✓	✓	✓	✓	✓	✓	✓	✓	✓	✓	✓
Südafrika	✓	✓	✓	✓							✓	✓
Tansania	✓	✓	✓			✓	✓	✓	✓	✓	✓	✓
Tunesien					✓	✓	✓	✓	✓	✓		

💡 Reisetipp Seychellen

Eine kleine Inselgruppe im Indischen Ozean, über deren Schönheit zu Recht in Superlativen gesprochen wird. Sie besteht aus steil aus dem Meer herausragenden Granitinseln mit herrlichen Palmenstränden und feinem weißen Sand. Die größte Attraktion ist jedoch das kristallklare Meer, das sich wegen

BADEURLAUB

Anmerkungen
1600 km Sandstrand am Roten Meer und 25-28 °C Wassertemperatur.
Jedoch ganzjährig möglich. Rund viereinhalb Flugstunden von uns entfernt liegen Deutschlands beliebteste Urlaubsinseln im Atlantischen Ozean westlich von Afrika. Zum Baden sind sie eigentlich viel zu schade. Gomera und Hierro haben sich daher auch eher zu Wanderinseln entwickelt. Gran Canaria aber lockt vor allem mit Stränden schier ohne Ende und ist ein Eldorado für Sonnenanbeter. Ähnliches gilt für den Süden Teneriffas und für Fuerteventura.
Touristisch noch nicht überlaufen.
Endlose weiße Sandstrände.
Im Norden und Westen herrscht von Mai-Sept. Trockenzeit. Auf der Ostseite liegt der Höhepunkt der Regenzeit im März und Apr. Hier regnet es auch in den sonnigsten Monaten (Sept.-Nov.) noch an mindestens 10 Tagen im Monat.
Bei 20-23 °C Wassertemperatur ideale Bedingungen.
Mauritius wirkt im ersten Moment enttäuschend wegen seiner monotonen Zuckerrohrfelder. Doch seine endlosen weißen Strände zählen zu den schönsten des Indischen Ozeans. Hier herrscht von Juni bis Sept. die kühlere Jahrezeit, in der es bei lockerer Bewölkung „frühlingshaft" freundlich und sonnig ist mit nur gelegentlichen Regenfällen.
Jedoch ganzjährig möglich.
Ganzjährig möglich. Aber Juni-Sept. an der SO-Küste riskant wegen des Monsuns. Siehe auch Reisetipp.
Im NO ganzjährig. Bei Kapstadt ist immer eine Seite windig, die andere windgeschützt. 3000 km Küste laden zum weitgehend ganzjährigen Baden ein. Achtung: Am Atlantik ist das Wasser ziemlich kalt. Angenehme Badetemperaturen herrschen dagegen am Indischen Ozean!
Endlose Korallenriffe vorgelagert.
1300 km Sandstrand und 300 Sonnentage sind optimale Voraussetzungen für einen Badeurlaub, besonders mit Kindern, denn Tunesier sind sehr kinderlieb.

Urlaubsformen

seiner fantastischen Korallenriffs hervorragend zum Schnorcheln eignet. Achtung: Der Nordwest-Monsun weht von Nov. bis März. Er bringt zahlreiche, starke, schauerartige Regenfälle. Die meisten Niederschläge fallen von Dez. bis Febr. In den Zwischenmonsunzeiten, d.h. in den Monaten April und Oktober, ist es fast windstill und drückend heiß. Diese Zeit sollte man meiden.

BADEURLAUB

	Jan	Feb	Mär	Apr	Mai	Jun	Jul	Aug	Sep	Okt	Nov	Dez
Israel			■	■	■	■	■	■	■	■	■	
Jordanien	■	■	■	■	■	■	■	■	■	■	■	
Oman	■	■	■	■	■	■	■	■	■	■	■	■
Türkei			■	■	■	■	■	■	■	■		
V. A. Emirate	■	■	■	■	■	■	■	■	■	■	■	■

Asien	Jan	Feb	Mär	Apr	Mai	Jun	Jul	Aug	Sep	Okt	Nov	Dez
China-S	■	■	■	■	■	■	■	■	■	■	■	■
Indien	■	■	■	■	■	■	■	■	■	■	■	■
Indonesien	■	■	■	■	■	■	■	■	■	■	■	■
Japan						■	■	■	■			
Kambodscha	■	■	■	■	■							■
Korea							■	■	■			
Malaysia	■	■	■	■	■	■	■	■	■	■	■	■
Malediven	■	■	■	■	■	■	■	■	■	■	■	■
Myanmar	■	■	■							■	■	■
Philippinen	■	■	■	■	■	■	■	■	■	■	■	■
Sri Lanka	■	■	■							■	■	■
Taiwan	■	■	■	■	■					■	■	■
Thailand	■	■	■	■						■	■	■
Vietnam	■	■	■								■	■

BADEURLAUB

Anmerkungen
Am Roten Meer bei Elat.
Bade- und Tauchmöglichkeiten am Roten Meer bei Akaba.
Am Roten Meer herrscht immer Badesaison.
Besonders die Südküste ist bis Nov. warm.
Dubai z. B. bietet gute Bademöglichkeiten an langen feinen Sandstränden.

Anmerkungen
Auf der Insel Hainan finden die Urlauber 180 km feinsandige Strände.
Vor allem im Süden.
Dez.-März Regenzeit im westlichen Archipel. Tausend Inseln allein bei Jakarta, dazu viele Inseln bei Lombok.
Besonders im Süden. Das Wasser hat in diesen Monaten zwar 21 °C, aber es regnet oft.
Auch ganzjährig möglich. Ab Mai aber Monsunregen.
Die touristischen Möglichkeiten sind noch eingeschränkt.
Achtung: Im Juli/Aug. sind die Strände wegen der Ferien überlaufen, und weil sie nur um diese Zeit freigegeben sind; danach sind die meisten von ihnen Sperrgebiet.
Aug.-Nov.: Monsunzeit im Westen, Okt.-Feb.: Monsunzeit im Osten.
3000 Inseln mit herrlichen Stränden und immer 26-28 °C warmem Wasser eignen sich ideal zum Baden und vor allem zum Tauchen.
Jedoch ganzjährig möglich. Ab Juni aber Monsunregen. Es gibt erst wenige Strandhotels.
Dez.-Apr. ist das Meer aber rau. Tausende von Inseln, besonders im Süden, mit 35.000 km feinsandigen Stränden, aber Unruhen im südlichen Grenzgebiet.
Ab Mai ist das Meer aufgewühlt!
Auch ganzjährig möglich.
Auch ganzjährig möglich. 28 °C Wassertemperatur und herrliche Sandstrände verlocken zum Baden. Besonders auf den Tausenden von Inseln können sich echte Urlaubsgefühle entwickeln.
Auch ganzjährig möglich, jedoch ab Mai Monsunregen.

Urlaubsformen

Badeurlaub

Südpazifik	Jan	Feb	Mär	Apr	Mai	Jun	Jul	Aug	Sep	Okt	Nov	Dez
Australien												
Neuseeland												
Südsee												

BADEURLAUB

Anmerkungen
Endlose Strände, besonders im Osten des Kontinents.
Am Barriereriff Tauchen bestens.
Fast immer windig und wolkig.
Mai–Nov.: Fidschis, Juli- Okt.: Cook-Islands. Die Inseln sind wie geschaffen für Spaziergänge an menschenleeren, weißen Sandstränden, Baden im Mondschein im 27 °C warmen Wasser und für verträumte Augenblicke in abgeschiedenen Buchten. Das Highlight ist die fantastische, farbenprächtige Unterwasserwelt.

Wohin im Winter?
Überall, außer: Südamerika, Marokko, Tunesien, Türkei, Israel, Korea und Japan.

Wohin im Frühling?
Überall, außer Brasilien. Auf den Kanaren ist es zwar noch etwas frisch, aber Baden ist schon möglich.

Wohin im Sommer?
Überall, außer: Venezuela, Senegal, Seychellen, weite Teile Südostasiens, Neuseeland.

Wohin im Herbst?
Überall, außer: Brasilien, Seychellen, Südafrika, Korea und Japan.

◀ *Traumhafter Strand in Krabi, Süd-Thailand*

Aktiv-Urlaub – Segeln

Aktiv-Urlaub

Segeln – wann am besten wohin?

Hauptsaison = blau, Nebensaison = hellblau

Amerika	Jan	Feb	Mär	Apr	Mai	Jun	Jul	Aug	Sep	Okt	Nov	Dez
Bahamas	■	■	■	■	■	■	■	■	■	■	■	■
Belize, Honduras	■	■	■	■	■							
Brasilien												
Chile	■	■	■	■						■	■	■
Dominikan. Rep.	■	■	■	■	■	░	░	░	░	■	■	■
Hawaii	■	■	■	■	■	■	■	■	■	■	■	■
Kanada						■	■	■	■			
Kuba	■	■	■	■	■	░	░	░	░	■	■	■
Karibik	■	■	■	■	■	░	░	░	░	■	■	■
Mexiko	■	■	■	■	■					■	■	■
USA, Kalifornien				■	■	■	■	■	■	■		
USA, Osten				■	■	■	■	■	■	■		

Reisetipps Karibik
- **Virgin-Islands:** Beste Zeit ist Dez.-Apr. Juni-Sept. dagegen herrschen Regen und Wirbelstürme.
- **Leewards-Islands** (St. Martin, Guadeloupe, St. Kitts, Barbuda, Antigua): Achtung: Im Dez. und Jan. starker Wind und schlechtes Wetter.
- **Windwards-Islands** (Martinique, Grenada, Dominica, St. Lucia, St. Vincent): Von Jahresmitte bis Dez. Regen und Wirbelsturmgefahr. Die Infrastruktur für Segler ist ausgezeichnet. Yachten können vor Ort gemietet werden. Das Revier eignet sich für Anfänger wie Könner. Der Nordostpassat bläst während der Segel-Hauptsaison (Nov. bis Mai) verlässlich mit angenehmer Stärke. Die dicht beieinander liegenden Inseln erlauben auch kurze Tagestörns. Besonders empfehlenswert sind die Grenadinen: Etwa 40 Inseln bieten herrliche Ankerbuchten und weiße Badestrände.

Aktiv-Urlaub – Segeln

Anmerkungen
Ganzjährig möglich, jedoch mit Einschränkungen: Im Spätsommer gefährden Hurrikans oft die Segeltörns in dieser Region.
Jedoch ganzjährig möglich. Juni-Nov. Hurrikans. Im gesamten Segelbereich ist das Klima im Sommer sehr heiß.
Auch ganzjährig möglich.
Alternative zu Südafrika in unseren Wintermonaten.
Ganzjährig möglich. Der NO-Passat bläst während der Segel-Hochsaison verlässlich mit angenehmer Stärke.
Mai-Okt. Regenzeit. Morgens meist steile See, mittags wird das Meer ruhiger.
Wegen der nördlichen Lage nur in den Sommermonaten geeignet.
Ganzjährig möglich, aber ab Juni Hurrikans.
Ganzjährig möglich. Siehe auch Reisetipps
Nach Durchzug von Kaltfronten herrscht sonniges, aber kaltes Rückseitenwetter. In den Sommermonaten ist die Chesepeake-Bay ein Flautenrevier. Juni-Okt. können Hurrikans die Ost-Küste hochziehen.

Urlaubsformen

◀ Segeln vor San Francisco

Aktiv-Urlaub – Segeln

Afrika	Jan	Feb	Mär	Apr	Mai	Jun	Jul	Aug	Sep	Okt	Nov	Dez
Kanaren	●	●	●	●	●	●	●	●	●	●	●	●
Kapverden	●	●	●	●	●	●	●	●	●	●	●	●
Madagaskar	●	●	●		●		●	●	●		●	●
Seychellen	●	●	●						●			●
Südafrika	●	●								●	●	●

Vorderer Orient	Jan	Feb	Mär	Apr	Mai	Jun	Jul	Aug	Sep	Okt	Nov	Dez
Türkei			●	●	●	○	○	○	●	●	●	

Asien	Jan	Feb	Mär	Apr	Mai	Jun	Jul	Aug	Sep	Okt	Nov	Dez
Indonesien				●	●	●	●	●	●	●		
Malaysia	●	●	●	●	○	○	○	○	●	●	●	●
Sri Lanka					●	●	●	●				
Thailand	●	●	●	●	○	○	○	○	●	●	●	●

Südpazifik	Jan	Feb	Mär	Apr	Mai	Jun	Jul	Aug	Sep	Okt	Nov	Dez
Australien	○	○	○	○	○	●	●	●	●	●	○	○
Neu-Kaledonien	●	●	●	●	●	○	○	○	●	●	●	●
Neuseeland	●	●	●	●	●	○	○	○	●	●	●	●
Südsee	○	○	○	○	●	●	●	●	○	○	○	○

AKTIV-URLAUB – SEGELN

Beliebt sind die europäischen Wintermonate, denn der Winter ist mild. Der Sommer ist gemäßigt heiß. Die Kanaren liegen im NO-Passat-Gürtel, d. h., der Passat kann in den Sommermonaten recht kräftig wehen. In den Wintermonaten ist er gemäßigter.

Der ständig wehende Passat ist für Segler optimal.

Dez.-März mit NW-Wind, Juni-Sept. mit SO-Wind.

Dez.-März mit NW-Wind, Juni-Sept. mit SO-Wind. April/Mai und Okt./Nov. sind flauwindig.

Bei 3000 km Küste bestehen fast unbegrenzte Möglichkeiten. Meiden sollte man die HS (Mitte Dez. bis Mitte Jan.). Besonders empfehlenswert ist das südafrikanische Frühjahr: Es blühen die Pflanzen und die Temperaturen sind moderat. Die Winde sind jetzt meist durchschnittlich gut. Das Wetter kann allerdings schneller als bei uns umschlagen, der Wind weht dann häufig sogar in Sturmstärke.

20-25 °C Luft- und 18-20 °C Wassertemperatur sind sehr angenehm. Achtung: Im Sommer kommen oft und plötzlich starke Fallwinde auf!

Wegen starker Brandung empfiehlt sich Segeln nur in den Lagunen.
Im Osten ganzjährig möglich.

Das Great Barrier Reef liegt im Bereich des SO-Passats, daher wehen meist gemäßigte Winde. Stärker sind die Winde von März bis Apr. und von Dez. bis Apr. kommen sogar Zyklone auf. Juni bis Aug. können die Nächte sehr kühl werden. Nov.-Febr. kann es sehr schwül sein.

Beständig leichte Winde und angenehme Temperaturen um 27 °C sind ideal. Ab Nov. allerdings wird es heiß. Danach ist es gelegentlich stürmisch und Schauer treten auf.

Urlaubsformen

Aktiv-Urlaub – Segeln

Ganzjährig Segelsaison
ist auf Hawaii, auf den Kanaren und Kapverden und – von Flauten abgesehen – auf den Seychellen.

Wohin im Winter?
Ganz Amerika (außer dem Norden wie z. B. Kanada), also Hawaii im Pazifik, Bahamas im Atlantiks, in der Karibik und in Belize. Auch die Gewässer des Atlantik um Afrika bieten sich an, insbesondere bei den Kanaren und den Kapverden. Im Indischen Ozean lässt sich um diese Jahreszeit am besten bei den Seychellen und in Südafrika segeln. Auch bei Thailand und Malaysia ist jetzt ideale Segelzeit.

Im Frühling
Im Frühling ist es in den unter Winter genannten Regionen ebenfalls günstig zu segeln. Nur auf den Seychellen und in Südafrika empfiehlt es sich jetzt nicht mehr so sehr.

Wohin im Sommer und Herbst?
Im Sommer und Herbst herrscht jetzt in allen Gebieten, auch in Australien und im Südseeraum, bestes Segelwetter.

Große Hitze, häufiger Regen (in Südostasien monsunbedingt) und gelegentliche Stürme machen das Segeln in folgenden Regionen weniger erfreulich: Karibik, Mittelamerika, Südafrika, Thailand und Malaysia.

Amerika	Jan	Feb	Mär	Apr	Mai	Jun	Jul	Aug	Sep	Okt	Nov	Dez
Brasilien												
Hawaii												
Kanada												
Karibik												
Mexiko		N				S	S	S			N	N
USA, Kalifornien												
USA, S und Florida												
Venezuela												

Aktiv-Urlaub – Surfen

Surfen – wann am besten wohin?

Was Badegäste eher abschreckt, zieht Surfer magisch an: Starker Wind und hohe Wellen. Daher decken sich die besten Zeiten für einen Surf-Urlaub keineswegs immer mit denen eines Badeurlaubes. Im Allgemeinen kann man davon ausgehen, dass die Surfzeiten viel ausgedehnter sind als die guten Badezeiten. Denn mit spezieller Kleidung kann man bei Wind und Wetter, wenn das Baden längst keinen Spaß mehr macht, ohne weiteres seinem Hobby frönen.

In blauer Farbe sind die Zeiten markiert, die sich am besten zum Surfen eigenen, in hellblauer Farbe die nicht ganz so idealen, aber noch vertretbaren Monate.

Anmerkungen
Ganzjährig im NO bei Salvador da Bahia möglich.
Beste Zeit: Dez.-Apr., jedoch ganzjährig möglich. Zuverlässige NO-Winde bieten beste Voraussetzungen.
Jedoch ganzjährig möglich. Ab Juni Hurrikans.
Juni-Aug. in der südlichen Baja California und beim Festland, Nov.-Jan. in der nördlichen Baja California.
In Florida auch ganzjährig möglich, aber Hurrikans ab Juni.
Grundsätzlich ganzjährig möglich, da Tropenklima mit 25 °C herrscht.

Aktiv-Urlaub – Surfen

Afrika	Jan	Feb	Mär	Apr	Mai	Jun	Jul	Aug	Sep	Okt	Nov	Dez
Ägypten	■	■	■	■	■	■	■	■	■	■	■	■
Kanaren	■	■	■	■	■	■	■	■	■	■	■	■
Kapverden	■	■	■	■	■	■	■	■	■	■	■	■
Marokko	■	■	■	■	■	■	■	■	■			
Namibia			■	■	■	■	■	■	■			
Seychellen	■	■	■	■	■	■	■	■	■	■	■	■
Südafrika	■	■			■	■	■	■	■		■	■
Tunesien				■	■	■	■	■	■	■		

Vorderer Orient, Asien	Jan	Feb	Mär	Apr	Mai	Jun	Jul	Aug	Sep	Okt	Nov	Dez
Indonesien	■	■	■		■	■	■	■	■	■		
Malediven			■	■	■	■	■	■	■	■	■	■
Oman				■	■	■	■	■	■	■		
Sri Lanka				■	■	■		■	■	■		
Türkei				■	■	■	■	■	■	■		

Südpazifik	Jan	Feb	Mär	Apr	Mai	Jun	Jul	Aug	Sep	Okt	Nov	Dez
Australien, Westen	■	■	■	■	■	■	■	■	■	■		■
Australien, Osten	■	■	■			■	■	■		■	■	■
Südsee				■	■	■	■	■	■			

Ganzjährige Surfgebiete

Hawaii, Karibik, Brasilien, Ägypten, Kanaren, Kapverden, Australien.

Wohin im Winter?

Wer dem europäischen Winter entgehen möchte, wählt die folgenden Surfgebiete: Kalifornien, Florida, Mittelamerika, Venezuela, Brasilien, Chile, Südafrika, Indonesien und Australien.

AKTIV-URLAUB – SURFEN

Anmerkungen

Im Frühjahr weht oft der berüchtigte Chamsin-Sturm und bringt über 50 Tage Wüstenstaub! Am Roten Meer pfeift ganzjährig der Wüstenwind.

Ganzjährig möglich bei ständigem Passatwind. Die Kanaren sind absolutes Surf-Paradies, vor allem die Costa Teguise auf Lanzarote mit ihren geschützten Buchten. Fuerteventura begeistert die Surfer durch 5-Meter-Wellen im Norden.

22 °C Wassertemperatur, Luft bis zu 30 °C, aber durch ständigen Passat-Wind gut verträglich.

Dez.-März mit NW-Wind, Juni-Sept. mit SO-Wind.

Ganzjährig möglich im NO. Das „Mekka" der Wind- und Kite-Surfer und Wellenreiter trotz des kühlen Wassers.

Febr./März/Nov. mit Einschränkungen möglich.

Anmerkungen

Starke SO-Winde erfreuen die Windsurfer. Wellenreiter genießen die riesigen Wellen der Regenzeit zwischen Dez. und März.

Wellenreiten kann man auf den Malediven nur an bestimmten Orten, die aber in Kennerkreisen gerühmt werden. Bekannt für ihre hohe Brandung sind Lhohifushi und Tari Village. Auch auf Kanifinolhu kann man im Sommer gut surfen.

Auch ganzjährig möglich.

Starke Brandung: Nur in Lagunen surfen!

Im Sommer stören oft starke Fallwinde.

Anmerkungen

Irgendwo in Australien ist immer Saison, allerdings ist es Juni-Okt. etwas kalt.

Im SO auch ganzjährig möglich. Im O sind Nov.-Febr. die Wellen sehr klein.

Ganzjährig möglich, aber Nov.-März oft Stürme.

Wohin im Frühjahr, Sommer und Herbst?

Im europäischen Frühjahr, Sommer und Herbst kann man fast alle Gebiete ansteuern außer den vom Hurrikan gefährdeten (Venezuela, Florida) und dem jetzt zu kalten Chile und Südafrika.

Aktiv-Urlaub – Tauchen

Tauchen – wann am besten wohin?

Amerika	Jan	Feb	Mär	Apr	Mai	Jun	Jul	Aug	Sep	Okt	Nov	Dez
Belize	○	○	○	○	○	●	●	●	●	●	●	○
Brasilien	○	○	●	●	●	●	●	●	●	○	○	○
Galapagos-Inseln	○	○	●	●	●	●	●	●	●	●	●	●
Hawaii	●	●	●	●	●	●	●	●	●	●	●	●
Karibik	●	●	●	●	●	●	●	●	●	●	●	●
Mexiko	●	●	●	●	○	○	○	○	○	●	●	●
USA-S/Florida	●	●	●	●	○	○	○	○	○	●	●	●

Afrika	Jan	Feb	Mär	Apr	Mai	Jun	Jul	Aug	Sep	Okt	Nov	Dez
Ägypten	●	●	●	●	●	●	●	●	●	●	●	●
Azoren	●	●	●	●	●	●	●	●	●	●	●	●
Kapverden	●	●	●	●	●	●	●	●	●	●	●	●
Mauritius	●	●	●	●	●	●	●	●	●	●	●	●
Seychellen	●	●	●	●	●	●	●	●	●	●	●	●
Südafrika	○	●	●	●	●	●	●	●	●	●	●	○
Sudan	●	●	●	●	●	●	●	●	●	●	●	●
Tunesien				●	●	●	●	●	●	●		

Vorderer Orient	Jan	Feb	Mär	Apr	Mai	Jun	Jul	Aug	Sep	Okt	Nov	Dez
Israel	○	○	○	●	●	●	●	●	●	●	○	○
Jordanien	○	○	○	●	●	●	●	●	●	●	○	○
Oman	●	●	●	●	●	●	●	●	●	●	●	●
Türkei				●	●	●	●	●	●	●		

Legende: ● = beste Reisezeit (dunkelblau), ○ = geeignet (hellblau), leer = nicht empfohlen

Aktiv-Urlaub – Tauchen

Die besten Tauchzeiten sind in dunklerem Blau markiert,
die nur bedingt geeigneten Tauchzeiten durch helleres Blau.

Anmerkungen
Wegen des tropischen Klimas auch ganzjährig möglich. Das kleine Land hat vor seiner Küste das zweitgrößte Riff der Welt und ist ein Tauch-Paradies.
Auch ganzjährig möglich.
Juni-Nov.: kalt, windig, wolkig, kaum Sicht. Von Dez. bis Mai wimmelt es von Fischen. Daher gibt es dort auch so viele Vögel.
Von Nov. bis März regnet es viel, das Wasser wird trüb. Von Dez. bis Apr. sowie im Juli und Aug. sind Hotels und Strände wegen der Ferienzeiten überfüllt.
Tauchen zählt ohne Zweifel zu den Hauptgründen für einen Trip in die Karibik. Vor den Küsten wachsen Hunderte von Korallenarten und bilden herrliche Riffe. Grundsätzlich ganzjährig möglich, aber im Sommer Regen und Hurrikans.
Ganzjährig möglich, aber Juni-Sept. Hurrikans. Wenn man dem Touristenstrom aus dem Weg gehen will, sollte man Dez., Juli und Aug. meiden. Am schönsten sind Okt./Nov. und Jan./Febr.
Ganzjährig möglich, aber Juni-Sept. Hurrikans.

Anmerkungen
Fast durchgehend 25 °C Wassertemperatur, nur im Winter etwas kälter.
Ganzjährig möglich. Zählen zu den besten Tauchgebieten der Welt.
Ganzjährig gute Tauchverhältnisse.
Dez.-Apr. am besten möglich.
Dez.-Feb. viel Regen, Mai-Okt. aufgewühltes Meer.
Ganzjährig im NO möglich bei 25 °C Wassertemperatur. Aug.-Nov. kann man Walhaie beobachten.
Der Sudan hat einen ähnlich großen Anteil am Roten Meer wie Ägypten. Er ist noch sehr unbekannt und wenig überlaufen. Wegen der etwas beschwerlichen Anreise bleibt er ein Geheimtipp.
Ganzjährig möglich, aber im Winter kaltes Wasser.

Anmerkungen
Ganzjährig möglich, aber das Wasser ist im Winter kalt.
Ganzjährig möglich, aber das Wasser ist im Winter kalt.
Wasser im Winter 15-20 °C, im Sommer 30 °C. Im Sommer steigt die Temperatur oft über 40 °C. Der Winter dagegen ist angenehm sonnig bei 20-25 °C.
Die 8000 km Tauchgebiet an schönen Stränden im Süden sind rel. unbekannt.

Aktiv-Urlaub – Tauchen

Asien	Jan	Feb	Mär	Apr	Mai	Jun	Jul	Aug	Sep	Okt	Nov	Dez
Indonesien					■	■	■	■	■			
Malediven		■	■	■	■	■	■	■	■	■	■	■
Myanmar (Burma)	■	■	■	▣	▣	▣	▣	▣	▣	■	■	■
Philippinen	▣	■	■	■	▣	▣	▣	▣	▣	■	■	▣
Sri Lanka	▣	■	■	■	■	■	■	■	■	▣	■	■
Thailand	■	■	■	▣	▣	▣	▣	▣	▣	▣	■	■
Vietnam		■	■	■	■	■	■	■	■			

Aktiv-Urlaub – Tauchen

Anmerkungen
Okt. bis Apr. möglich, aber wegen Regenzeit nur an regenfreien Tagen, d. h. etwa zu 50 %.
Klassisches Tauchgebiet, aber Korallenbleiche. Ganzjährig möglich, aber im Juni/Juli oft Stürme. 15 Atolle und 2000 Inseln bieten den Tauchern ein Traumziel - das größte und wohl auch schönste Aquarium der Welt! Die Winde sind moderat und die Wassertemperaturen liegen um 25 °C.
Aug.-Nov. ziehen vor der Insel Vilmendhoo Walhaie vorbei.
Dez.-Apr. trifft man Mantarochen im Ari-Atoll.
Noch weitgehend unbekannt, aber lohnend.
Auch ganzjährig möglich. Apr.-Juni: heiß und trocken. Dez.-Apr.: raues Meer, wenn auch keine ausgesprochene Regenzeit. März: Walhaie bei Süd-Luzon.
In Regenzeit schlechtere Sicht (hellblau).
Von Jan. bis Apr. sind in der Andamanensee Walhaie zu sehen.

Ganzjährige Tauchreviere
Ganzjährig eignen sich die Tauchreviere von Hawaii, der Karibik, des Roten Meeres bei Ägypten und dem Sudan, die Kanaren, Kapverden, Malediven, Seychellen, Mauritius und Oman sowie die Südsee.

Wohin im Winter?
Im europäischen Winter eignen sich neben den ganzjährigen Regionen noch folgende Tauchreviere: Mexiko, die Galapagos-Inseln, Südafrika, Thailand und Myanmar (Burma).

Wohin im Frühling, Sommer und Herbst?
Neben Brasilien sind besonders Tunesien, die Türkei, Israel, Indonesien, die Philippinen, Vietnam und Australien geeignet.

◀ *Bezaubernde Unterwasserwelt in Amed, Bali*

Aktiv-Urlaub – Bootstouren

Bootstouren – wann am besten wohin?

Amerika	Jan	Feb	Mär	Apr	Mai	Jun	Jul	Aug	Sep	Okt	Nov	Dez
Costa Rica, Dominik. Rep.	X	X	X									X
Kanada					X	X	X	X				
USA-Alaska						X	X	X				
USA-N (Seen)						X	X	X	X			

Afrika	Jan	Feb	Mär	Apr	Mai	Jun	Jul	Aug	Sep	Okt	Nov	Dez
Ägypten	X	X	X	X	X	X	X	X	X	X	X	X
Südafrika	X	X	X	X	X	X	X	X	X	X	X	X

Vorderer Orient, Asien	Jan	Feb	Mär	Apr	Mai	Jun	Jul	Aug	Sep	Okt	Nov	Dez
Indien	X	X	X		X	X	X				X	X
Nepal			X	X					X	X		
Türkei				X	X	X	X	X	X	X		

Südpazifik	Jan	Feb	Mär	Apr	Mai	Jun	Jul	Aug	Sep	Okt	Nov	Dez
Cook-Islands	X	X	X	X	X	X	X	X	X	X	X	X
Rarotonga	X	X	X	X	X	X	X	X	X	X	X	X

Wohin im Sommer?
Im Sommer sind Kanu- und Kajakfahrten außer in Europa auch in Nordamerika besonders gut durchzuführen.

Wohin im Frühjahr und Herbst?
In den Vorderen Orient (Türkei) oder gar nach Indien und Nepal.

Aktiv-Urlaub – Bootstouren

*Die besten Zeiten für Bootsfahrten sind dunkelblau markiert,
die nur bedingt geeigneten Zeiten hellblau.*

Anmerkungen
*Ganzjährig, am besten in unserem Winter. Lufttemperaturen von 25-30 °C
und Wassertemperaturen von 20 °C im Winter bieten faszinierende Rahmenbedingungen für eine Kajak-Urlaubstour der Superlative!*
Kanu-Fahren und Rafting aller Schwierigkeitsgrade sind hier immer möglich.
Alle Arten von Bootsfahrten durch herrliche Landschaft.
*Am besten erleben kann man Alaska in der HS vom Boot aus. Tausende von
Buchten, Klippen, Inselchen und Fischerdörfern.*
*Nur während europäischer Sommerzeit geeignet. Auf den ruhigen Gewässern
des Nordens bieten sich Kanutouren an. Auf den Flüssen bei den Großen Seen
kann man gut Rafting betreiben.*

Anmerkungen

Anmerkungen
Mai-Okt.: Segeln auf dem Ganges. Nov.-März: Kanufahrten
Frühling und Herbst. Sommer zu heiß.
Frühling und Herbst. Sommer zu heiß.

Anmerkungen
*Zum Baden allein ist Raratonga viel zu schade. Die von Regenwald überzogene
Caldera ist das Terrain für Natur-Freaks. Eine Boots-Tour durch die Türkis-
Lagune von Aitutaki ist das Highlight jeder Ozeanien-Reise.*

Wohin im Winter?
Im Winter eignen sich neben der Karibik und weiten Teilen Süd- und Mittelamerikas besonders das südliche Afrika, Indien und Südostasien und natürlich die Südsee.

Aktiv-Urlaub – Golfen

Golfen – wann am besten wohin?

Der Golf-Sport hat im letzten Jahrzehnt auch bei uns einen großen Stellenwert bekommen. Weit mehr Bedeutung aber hat er nach wie vor in anderen Regionen der Welt, insbesondere in Amerika, Südafrika und Australien. Kein Wunder also, dass Liebhaber dieser Sportart immer öfter Urlaub in diesen Regionen machen.

Die besonders zum Golfen geeigneten Zeiten sind in dunkelgrüner Farbe gekennzeichnet, die nur bedingt geeigneten Monate dagegen hellgrün.

Amerika	Jan	Feb	Mär	Apr	Mai	Jun	Jul	Aug	Sep	Okt	Nov	Dez
Kanada					■	■	■	■	■			
USA-N				■	■	■	■	■	■	■		
USA-S	■	■	■	■	■	■	■	■	■	■	■	■
Bahamas	■	■	■	■	■	■	■	■	■	■	■	■
Argentinien	■	■	■	■					■	■	■	■
Brasilien			■	■	■	■	■	■	■	■		
Chile	■	■	■	■					■	■	■	■
Costa Rica	■	■	■	■	■	■	■	■	■	■	■	■
Dominikan. Rep.	■	■	■	■	■	▨	▨	▨	■	■	■	■
Guatemala	■	■	■	■	■	■	■	■	■	■	■	■
Jamaica	■	■	■	■	■	■	■	■	■	■	■	■
Kuba	■	■	■	■	■	■	■	■	■	■	■	■
Mexiko	■	■	■	■	■	■	■	■	■	■	■	■
Venezuela	■	■	■	■	■	▨	▨	▨	■	■	■	■

Afrika	Jan	Feb	Mär	Apr	Mai	Jun	Jul	Aug	Sep	Okt	Nov	Dez
Kanaren	■	■	■	■	■	■	■	■	■	■	■	■
Marokko	■	■	■	■	■	▨	▨	▨	■	■	■	▨
Tunesien		■	■	■	■	■	■	■	■	■	■	
Ägypten		■	■	■	■	▨			■	■	■	
Kenia	■	■	■				■	■		■	■	■
Mauritius	■	■	■						■	■	■	■
Simbabwe	■	■	■	■					■	■	■	■
Südafrika	■	■	■	■	■	■	■	■	■	■	■	■

Aktiv-Urlaub – Golfen

Anmerkungen
Über 4000 Plätze, die zu den besten der Welt zählen.
Fast jeder Ort hat seinen eigenen Golfplatz.
Ganzjähriges Golfen im Süden und in Florida.
Bestes Platzangebot, ideale Bedingungen zu allen Zeiten.
Dez. bis März am besten geeignet.
Dez./Jan. und Juli/Aug. überfüllt!
Okt.-Mai ist die beste Zeit.
Ganzjährig möglich.
Okt.-Apr. möglich.
Ganzjährig möglich.
Ganzjährig. Der Varadero-Club bei Havanna ist der einzige Golfplatz.
Besonders in Acapulco und Yucatan lässt es sich gut golfen.
Ganzjährig möglich.

Anmerkungen
Ganzjährig auf vielen Plätzen.
Beste Zeit Frühjahr und Herbst, übriges Jahr möglich.
Im Sommer zwar sehr heiß, aber angenehmer Meerwind. Im Winter selten unter 15 °C. Extravagante Plätze, dazu der Zauber Nordafrikas!
Der Sommer ist nur bedingt geeignet.
Die anderen Zeiten sind etwas regnerisch.
Der Sommer (Nov.-März) ist feuchtheiß.
Beste Zeit: Mai-Okt.
Beste Zeit: Okt.-Febr., bei 25 °C (im Dez. und Jan. aber oft Regen!) Allein um Kapstadt gibt es 20 Golfplätze, im ganzen Land 400. Das milde, sonnige Klima und die gute Organisation machen Südafrika fast ganzjährig zum Top-Golfziel!

Aktiv-Urlaub – Golfen

Vorderer Orient	Jan	Feb	Mär	Apr	Mai	Jun	Jul	Aug	Sep	Okt	Nov	Dez
Israel			■	■	■	■	■	■	■	■		
Jordanien			■	■	■	■	■	■	■	■		
Libanon			■	■	■	■	■	■	■	■		
Türkei			■	■	■	■	■	■	■	■		
V. A. Emirate	■	■	■	■					■	■	■	■

Asien	Jan	Feb	Mär	Apr	Mai	Jun	Jul	Aug	Sep	Okt	Nov	Dez
China					■	■			■	■		
Indien	■	■	■							■	■	■
Indonesien	■	■	■	■	■	■	■	■	■	■	■	■
Malaysia	■	■	■	■	■	■	■	■	■	■	■	■
Malediven	■	■	■	■	■	■	■	■	■	■	■	■
Nepal		■	■	■					■	■	■	
Philippinen	■	■	■	■	■	■	■	■	■	■	■	■
Singapur	■	■	■	■	■	■	■	■	■	■	■	■
Sri Lanka	■	■	■						■	■	■	■
Taiwan	■	■	■	■	■	■				■	■	■
Thailand	■	■	■	■	■	■	■	■	■	■	■	■

Südpazifik	Jan	Feb	Mär	Apr	Mai	Jun	Jul	Aug	Sep	Okt	Nov	Dez
Australien	■	■	■	■	■	■	■	■	■	■	■	■
Neuseeland	■	■	■	■						■	■	■
Südsee	■	■	■	■	■	■	■	■	■	■	■	■

Wohin im Winter?
- **Amerika:** Überall, außer im hohen Norden und weniger gut in Brasilien.
- **Afrika:** Ägypten und Südafrika.
- **Asien:** V. A. Emirate, Taiwan, Indien, Sri Lanka, Thailand, Malaysia, Philippinen.
- **Australien:** Australien und Neuseeland.

Wohin im Frühling?
Überall außer Kanada, USA-N, Kenia, Simbabwe, China, Indonesien.

AKTIV-URLAUB – GOLFEN

Anmerkungen
Beste Zeit: Frühling und Herbst.
Sommer zu heiß.
Beste Zeit: Frühling und Herbst.
Ein gutes Dutzend guter Golfplätze, insbesondere an der S-Küste. Noch zählt die Türkei zu den preiswerten Ländern.
Das immer trocken-heiße Wüstenklima erlaubt Golfurlaub nahezu ganzjährig; im Sommer ist es heiß.

Anmerkungen
Im Süden auch ganzjährig möglich.
Ab Mai/Juni beginnt die Monsunzeit mit Regen.
Ganzjährig möglich, Nov.-Apr. Regen möglich.
Ganzjährig möglich.
Ganzjährig möglich.
Frühjahr und Herbst besonders geeignet.
Ganzjährig möglich.
Ganzjährig möglich.
Ab April viel Regen.

Anmerkungen

Wohin im Sommer?
USA, Kenia, Simbabwe, z. T. China, Indonesien.

Wohin im Herbst?
Überall, außer Venezuela, Argentinien, Malaysia, Philippinen.

Ganzjährig golfen
Golf ist eine Sportart, die man in vielen Regionen der Welt ganzjährig betreiben kann: Florida, Bahamas, Costa Rica, Kanaren, Tunesien, Malediven, Australien und Südsee.

Aktiv-Urlaub – Fahrradfahren

Fahrradfahren – wann am besten wohin?

Natürlich kann man (fast) immer und (fast) überall radeln. Die Tipps können selbstverständlich nur die beliebtesten Radregionen und die dafür günstigsten Zeiten vorstellen.

Die besten Zeiten für Fahrrad-Urlaub sind orange markiert, die nicht so idealen in hellerer Farbe.

Amerika	Jan	Feb	Mär	Apr	Mai	Jun	Jul	Aug	Sep	Okt	Nov	Dez
Chile	░	░	░	■						░	░	░
Chile Patagonien	■	■										
Dominikan. Rep.	■	■	■						■	■	■	■
Ecuador	■	■	■	■	■				■	■	■	■
Hawaii	■	■	■	■	■	■	■	■	■	■	■	■
Kanada					■	■	■	■	■			
Kuba	■	■	■	■					■	■	■	■
Peru	░	■	■	■	■	■	■	■	■	■	■	░
USA-N				■	■	■	■	■	■	■		

Afrika	Jan	Feb	Mär	Apr	Mai	Jun	Jul	Aug	Sep	Okt	Nov	Dez
Botswana				■	■	■	■	■	■			
Kanaren	■	■	■	■						■	■	■
Madagaskar							■	■	■	■		
Marokko		■								■		
Südafrika	░	■	■	■	■	■	■	■	■	░	░	░

AKTIV-URLAUB – FAHRRADFAHREN

Anmerkungen
Im April ist besonders beständiges Wetter mit angenehmen Tagestemperaturen.
Jan./Febr.: Trans-Anden-Expedition.
Das südchilenische Land hat während der Südsommermonate klare Sonnentage; allerdings kann plötzlich Wind und Regen aufkommen. Wegen seiner unberührten Natur ist diese Region auch für Naturfreunde einzigartig.
Ganzjähriges Radeln in schöner Karibik-Landschaft.
Extreme Touren mit Expeditionscharakter.
Es gibt drei Arten von Touren: Mountainbiking durch den Regenwald des Kokee State Parks auf Kauai, 60 km Rad fahren, ohne zu treten vom Haleakala-Vulkan abwärts auf Maui, mit dem Rennrad auf Big Island die Kona-Küste entlang.
Biketouren durch British Columbia sind um diese Jahreszeit besonders beliebt.
Okt.-Mai; danach können Schwüle, Regen und Hurrikans stören.
Um diese Zeit ideales Wetter, nur 1-2 Regentage; auch ganzjährig möglich.
Das Wetter ist extremer als bei uns und kann sich sehr schnell ändern.
Alle Arten von Radfahren werden in den USA im Sommer angeboten bis hin zur Durchquerung ganzer Staaten z. B. im SW der USA.

Anmerkungen
Um diese Zeit liegt die Tagestemperatur zwischen 18 und 27 °C.
Ganzjährig sind auf allen Inseln Radwanderungen individuell oder z. T. organisiert möglich.
Um diese Zeit erleben Radfahrer mit Naturinteressen am besten die einzigartige Fauna und Flora (Orchideen blühen, Schmetterlinge schlüpfen).
Der Winter ist zu kalt im Bergland, der Sommer zu heiß. Der südliche Atlas und die angrenzenden Wüstengebiete sind ideal für Bike-Touren im Winter/Frühling und Herbst. Die landschaftlichen Schönheiten und das orientalisch-bunte Treiben sind um diese Jahreszeit am besten zu erleben.
Wegen seiner herrlichen Strände, beeindruckenden Wüste und atemberaubender Landschaften ist Südafrika ganzjährig ein ideales Rad-Urlaubsland.

Aktiv-Urlaub – Fahrradfahren

Vorderer Orient, Asien	Jan	Feb	Mär	Apr	Mai	Jun	Jul	Aug	Sep	Okt	Nov	Dez
Bali (Indonesien)	■	■	■		■	■	■	■		■	■	■
China-N						■	■	■				
China-SW	■	■	■	■					■	■	■	■
Indien-N, Himalaya						■	■	■	■			
Nepal										■	■	
Thailand		■	■	■							■	
Vietnam									■	■	■	

Südpazifik	Jan	Feb	Mär	Apr	Mai	Jun	Jul	Aug	Sep	Okt	Nov	Dez
Neuseeland	■	■	■	■						■	■	■

Ganzjährig Fahrrad fahren

Ganzjährig Fahrrad fahren kann man in allen subtropisch-tropischen Regionen, wie etwa auf Hawaii, in der Karibik, auf den Kanaren, in Südafrika, im südlichen China und auf Bali.

Wohin im Winter?
Karibik, Teile Südamerikas, wie z. B. Ecuador, Südchile, Marokko.

Wohin im Frühling?
Peru, Chile, Botswana und Südafrika.

Wohin im Sommer?
USA-N, Peru, Madagaskar, Botswana, Südafrika, Bali und (für Extremtouren) die Himalaja-Region.

Wohin im Herbst?
Kuba, Marokko, Madagaskar, Botswana, Südafrika, Süd- und West-China, Nepal, Vietnam, Bali, Neuseeland.

Aktiv-Urlaub – Fahrradfahren

Anmerkungen

Auch ganzjährig möglich, aber ab Nov. regnet es. Die Räder werden wie auf Hawaii in Bergregionen hoch transportiert, man muss sich nur noch abwärts rollen lassen.

Juni-Aug. im Norden und Westen (Yunnan).

Sept./Okt. im Süden, hier auch ganzjährig.

Touren im Himalaja tragen immer Expeditionscharakter. Wegen des kontinentalen Klimas und der Höhenlage eignen sich für diese Region nur die Sommer- und Herbstmonate.

Annapurna-Umrundung mit Expeditionscharakter.

Abwechslungsreiche Touren, besonders im Süden des Landes, lassen sich idealerweise um diese Zeit durchführen.

Die Regenzeit ist zu Ende und die Berge sind herrlich grün.

Anmerkungen

Beste Zeit: Okt.-Apr. Auch ganzjährig möglich.

Aktiv-Urlaub – Reiten

Reiten – wann am besten wohin?

Wann ist es am schönsten und besten zum Reiten? Allzu große Hitze ist nicht gut, weder für Pferd noch für Reiter, und hohe Luftfeuchtigkeit oder gar Regen verderben auch den Reitspaß. Darum sollen auch zu diesem Thema ein paar Tipps zur passenden Reisezeit gegeben werden.

Amerika	Jan	Feb	Mär	Apr	Mai	Jun	Jul	Aug	Sep	Okt	Nov	Dez
Kanada					✓	✓	✓	✓	✓			
Bolivien			✓	✓	✓	✓	✓	✓	✓	✓	✓	
Chile	✓	✓	✓	✓	✓							✓
Costa Rica	✓	✓	✓	✓	✓						✓	✓
Dominik. Rep.	✓	✓	✓	✓	✓	✓	✓	✓	✓	✓	✓	✓
Peru			✓	✓	✓	✓	✓	✓	✓	✓	✓	
USA	✓	✓	✓						✓	✓	✓	✓

Afrika	Jan	Feb	Mär	Apr	Mai	Jun	Jul	Aug	Sep	Okt	Nov	Dez
Ägypten			✓	✓	✓				✓	✓	✓	
Botswana		✓	✓	✓	✓				✓	✓		
Marokko	✓	✓	✓	✓	✓				✓	✓	✓	✓
Namibia			✓	✓	✓					✓	✓	
Südafrika		✓	✓	✓	✓				✓	✓	✓	
Tunesien			✓	✓	✓				✓	✓		

Südpazifik	Jan	Feb	Mär	Apr	Mai	Jun	Jul	Aug	Sep	Okt	Nov	Dez
Neuseeland	✓	✓	✓	✓	✓					✓	✓	✓

Aktiv-Urlaub – Reiten

Urlaubsformen

Anmerkungen
Bei durchschnittlichen 20 °C und 10 Stunden Sonnenschein kann man sich in dieser Zeit besonders in den Rocky Mountains wohl fühlen.

Klares Wetter, herrliches Andenpanorama.

Durch Tropenwald hoch zu Ross zu Vulkanen und Stränden.

Mit Mulos, einer Mischung aus Pferd und Maulesel, reitet man in der prächtigen Landschaft der Karibik.

Mit Lamas auf Inkapfaden zu reiten ist ein besonderes Erlebnis.

Im Süden (Arizona) ist es ab Apr. zu heiß, im N reitet man im Sommer oder an warmen Herbst- und Frühlingstagen.

Anmerkungen
Auf Araber-Pferden geht es durch die Wüste.

Ganzjährig möglich sind Kamelsafaris.

Okt.-Feb.: Kurze Schauer. Die faszinierende Natur (Wildtiere, Vögel) betrachtet man am besten vom Pferd aus.

Ganzjährig durch Wüste und Atlasgebirge. Durch Atlantiknähe selten zu heiß. Feb./März und Okt./Nov. Kamelsafaris.

Nach dem Regen sind die Savannen von einem Blütenmeer überzogen. Unzählige wilde Tiere zeigen sich jetzt.

Angenehmes, sonnig-trockenes Reitwetter. Bei Reitsafaris optimale Wildbeobachtung, besonders in den Parks bei Johannesburg.

Durch die Lage am Meer und teilweise bewaldete Landschaft; nur Juli-Sept. zu heiß zum Reiten durch Wüste und Dahargebirge.

Anmerkungen
Am besten im Frühjahr oder Herbst über Berge und durch Schluchten.

Auf der Nord-Insel ist auch ganzjährig Reiten möglich.

Aktiv-Urlaub – Reiten

Vorderer Orient, Asien	Jan	Feb	Mär	Apr	Mai	Jun	Jul	Aug	Sep	Okt	Nov	Dez
Bali				■	■	■	■	■	■	■		
Indien	■	■	■							■	■	■
Mongolei						■	■	■				
Thailand	■	■	■	■						■	■	■
Türkei				■	■	■	■	■	■	■		

Aktiv-Urlaub – Reiten

Anmerkungen
In der Trockenzeit kann man durch Reisfeldlandschaften und zu Vulkanen reiten.
Vor allem Rajasthan ist um diese Zeit beliebtes Ziel. Unbedingt das faszinierende Puskar-Kamel-Fest (meist im November) auf dem Rücken eines Pferdes oder Kameles besuchen!
Durch Steppen auf Dschinghis-Khans Spuren zu reiten, ist ein besonderes Vergnügen. Der ständig leicht wehende Wind erlaubt dies auch im heißen Sommer.
Um diese Zeit wird Pferdereiten im Süden bei Phuket angeboten. Im Norden sind Elefantensafaris eine Besonderheit (bei Chiang Mai).
Da es meist am Meer entlang geht, ist auch der Sommer nicht zu heiß, weil gerade dann immer Wind weht. An Südküste auch Eselreiten!

Ganzjährige Reitregionen
Ganzjährig in der Karibik und in Marokko.

Wohin im Winter?
Costa Rica, Chile, südliche USA, Karibik, Indien, Thailand und Neuseeland.

Wohin im Frühling?
USA, Costa Rica, Andenländer, ganz Afrika, ganz Südostasien und Neuseeland.

Wohin im Sommer?
Kanada, Peru, Bolivien, Botswana, Südafrika, Türkei, Kaukasus, Mongolei und Bali.

Wohin im Herbst?
Kanada, USA, Costa Rica, Peru, Bolivien, ganz Afrika, ganz Asien (außer Mongolei) und Neuseeland.

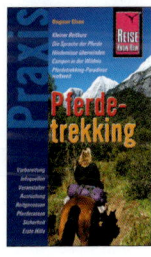

Literaturtipp
„Pferdetrekking" von Dagmar Elsen, Reise Know-How Verlag, Bielefeld

◄ Pferdetrekking in den chilenischen Anden (Foto aus dem o. g. Praxis-Band)

Aktiv-Urlaub – Wandern, Trekking

Wandern und Trekking – wann am besten wohin?

Natürlich eignet sich fast die ganze Welt zum Wandern. Es sollen und können aber hier nur ein paar besonders beliebte Wander- und Trekkingregionen unter die Lupe genommen werden. Der Unterschied zwischen Wandern und Trekking ist nicht immer klar. „Trekking" meint wohl am ehesten Wandern in gebirgigem Gelände, wobei man diesen Begriff sehr weit spannen muss: Vom Wandern bis zur auslaugenden Hochgebirgstour ist alles drin.

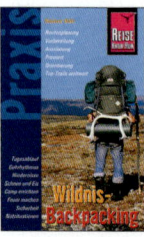

Literaturtipp
*„Wildnis-Backpacking"
von Rainer Höh,
Reise Know-How
Verlag, Bielefeld*

Literaturtipp
*„Trekking Handbuch" von
Gunter Schramm,
Reise Know-How
Verlag, Bielefeld*

Die besten Zeiten für Wandern und Trekking sind in oranger Farbe gekennzeichnet, die Monate, in denen Wanderungen und Trekking auch möglich sind, in hellem Orange.

Amerika	Jan	Feb	Mär	Apr	Mai	Jun	Jul	Aug	Sep	Okt	Nov	Dez
Argentinien	■	■	■	■	■	■	■	■	■	■	■	■
Bolivien	■	■	■	■	■	■	■	■	■	■	■	■
Chile	■	■	■	■	■	■	■	■	■	■	■	■
Costa Rica	■	■	■	■	■	■	■	■	■	■	■	■
Ecuador	■	■	■	■	■	■	■	■	■	■	■	■
Hawaii	■	■	■	■	■	■	■	■	■	■	■	■
Kanada						■	■	■	■			
Kuba	■	■	■	■							■	■
Peru				■	■	■	■	■	■	■		
USA				■	■	■	■	■	■	■		
USA, Alaska						■	■	■				

Aktiv-Urlaub – Wandern, Trekking

▲ Beim Vulkantrekking auf Bali am Batur-Vulkan

Auch ganzjährig möglich.
Besonderer Tipp: Trekking mit Lamas auf Inkapfaden!
Trekking-Touren kann man am besten Nov.-Apr. durchführen.
Auch ganzjährig möglich.
Besonders die Vulkane Cotopaxi und Chimborazo sind zu allen Jahreszeiten lohnende Ziele.
Dez. und Jan. (während der HS) ist Hawaii überlaufen. Das ganze übrige Jahr eignet sich optimal für herrliche Wanderungen, an Steilküsten entlang, durch Dschungel und Canyons oder auf Vulkane.
Am besten Mai, Juni und Sept. während der NS!
Zwar auch ganzjährig möglich, aber im Sommer heiß.
Besonderer Tipp: Trekking mit Lamas auf Inkapfaden!
Die Naturparks sind im Juli/Aug. ziemlich überlaufen.
Leider erlaubt das Klima keine andere Zeit. Im Allgemeinen sind die Naturparks trotz der HS nicht überlaufen.

Aktiv-Urlaub – Wandern, Trekking

Afrika	Jan	Feb	Mär	Apr	Mai	Jun	Jul	Aug	Sep	Okt	Nov	Dez
Ägypten	●	●	●	●						●	●	●
Azoren	●	●	●	●	●	●	●	●	●	●	●	
Botswana			●	●	●		●	●	●	●		
Kanaren	●	●	●	●	●	●	●	●	●	●	●	
Kapverden	●	●	●	●	●	●	●	●	●	●	●	●
La Réunion	●	●	●	●	●	●	●	●	●	●	●	●
Madeira	●	●	●	●	●	●	●	●	●	●	●	●
Marokko	●	●	●	●								
Namibia	●	●	●	●	●	●	●	●	●	●	●	●
Südafrika	●	●	●						●	●	●	●
Tansania	●	●	●	●	●	●	●	●	●	●	●	●

Aktiv-Urlaub – Wandern, Trekking

Anmerkungen
Eine faszinierende Welt ist die Felswüste des Sinai: Einzigartig sind ihre Canyons und bizarren Felsformationen. Absolute Einsamkeit und Ruhe in einer grandiosen Landschaft erwarten den Wanderer hier. Auch Kamelwandern im Sinai wird angeboten. Von den Sommermonaten ist wegen der großen Hitze abzuraten. HS im Dez. möglichst meiden!
Siehe Reisetipp.
Diese Zeit ist für Bergsteigen besonders geeignet.
Ganzjährig möglich. Siehe Reisetipp.
Durch tropische Täler und wüstenhafte Hochebenen, über Pässe und Kraterlandschaften führen eindrucksvolle und absolut untouristische Wanderungen, die allerdings gute Kondition verlangen.
Die Insel ist ein Traum für Wanderer.
Am schönsten März–Mai. Entlang der Levadas wandert man durch herrliche frühlingshafte Landschaft.
Auch ganzjährig sind Wanderungen möglich, besonders in den kühleren Bergen. Die Wüste ist natürlich im Sommer zu heiß.
März–Mai und Aug.–Okt. im Landesinneren, Okt.–März an der Küste. Jan. und Feb. sind zu heiß.
Frühjahr und Herbst sind besonders in der Kapregion die schönste Wanderzeit. Die HS im Dez. und Anfang Jan. sollte man meiden!
Regen von Nov. bis Apr.

💡 Reisetipp Azoren

Ganzjährig mildes Seeklima, Temperaturen auch im Winter nicht unter 13-15 °C, im Sommer nicht über 24 °C – damit eignen sich die Azoren besonders gut zum Wandern. Die touristisch noch nicht überlaufenen, immer grünen 9 Atlantik-Inseln sind durch holprige, steile Maultierpfade bis auf den letzten Winkel erschlossen. Dichte Hortensiensträucher säumen die Wege. So ist während der Blütezeit von Apr. bis Okt. das Wandern besonders reizvoll.

Reisetipp Kanaren

Im Frühling sind die Wanderinseln Gomera, El Hierro und La Palma am schönsten. Sonnenbaden ist auf Gomera wenig gefragt, Nachtleben weitgehend unbekannt. Hier und auf El Hierro ist das Eldorado der Wanderer. Durch reizvolle Berglandschaft und zu hübschen Bergdörfern gibt es eine Fülle lohnender Ausflüge für Gehfreudige und Wanderungen aller Schwierigkeitsgrade.

AKTIV-URLAUB – WANDERN, TREKKING

Asien	Jan	Feb	Mär	Apr	Mai	Jun	Jul	Aug	Sep	Okt	Nov	Dez
Bhutan			X	X	X				X	X	X	
China	X	X	X	X					X	X	X	X
China, Tibet				X	X	X	X	X	X	X		
Indien, Ladakh						X	X	X	X			
Indien	X	X	X	X						X	X	X
Japan				X	X	X			X	X	X	
Laos	X	X	X								X	X
Mongolei						X	X	X	X			
Myanmar	X	X	X							X	X	X
Nepal		X	X	X	X				X	X	X	X
Pakistan	X	X	X	X						X	X	X
Thailand	X	X	X	X							X	X
Indonesien	X	X	X	X	X	X	X	X	X	X	X	X
Vietnam	X	X	X	X						X	X	X

Südpazifik	Jan	Feb	Mär	Apr	Mai	Jun	Jul	Aug	Sep	Okt	Nov	Dez
Australien	X	X	X	X	X	X	X	X	X	X	X	X
Neuseeland	X	X	X	X	X	X	X	X	X	X	X	X

Ganzjährige Wanderregionen
Hawaii, Kuba, Costa Rica, Bolivien, Chile, Argentinien, Kanaren, Kapverden, Tansania, China, Indonesien, Australien und Neuseeland.

Wohin im Winter?
Überall außer im nördlichen Amerika und Asien.

Wohin im Frühling?
Alle Regionen der Welt, außer dem äußersten Norden und einigen Gebieten Südostasiens, in denen bereits der Monsun einsetzt.

Aktiv-Urlaub – Wandern, Trekking

Anmerkungen
Nicht Juni-Sept., da Regenzeit.
S ganzjährig, N Apr.-Okt.
Juni-Sept. für Wanderungen in Ladakh besonders geeignet!
Achtung: Apr.-Nov. für Trekking im Himalaja besonders geeignet!
Wegen des Sommer-Monsuns ist nur Frühjahr oder Herbst sinnvoll. Herrliche Bergsicht ist zwar auch jetzt nicht garantiert, aber um diese Zeit im Regelfall zu erwarten. Elefantentouren sind besonders reizvoll.
Um diese Zeit Trekkingtouren mit herrlichem Bergerlebnis!
Trekkingtouren im Norden lassen sich sinnvoll erst nach der Monsunzeit, ab Okt./Nov. durchführen.
Die reizvollen Vulkanbesteigungen sind nur in der Trockenzeit sinnvoll. Schweißtreibend, aber lohnend sind besonders Touren auf den Bromo in Java, den Batur in Bali, den Rinjani auf Lombok, den Kelimutu auf Flores und den Gunung Api auf den Banda-Inseln.
Mai-Okt. ist besonders der Norden feuchtheiß.

Anmerkungen
Westaustralien: März bis Mai und Aug./Sept.
Auch ganzjährig möglich, dann aber mit Regenschutz.

Wohin im Sommer?

Im Sommer muss man die heißen Gebiete Nordafrikas und die Monsungebiete Südostasiens meiden. Auch einige Länder mit starkem nationalen Tourismus, wie USA und Südafrika, sollte man im Juli und Aug. umgehen. Alle anderen Gebiete eignen sich.

Wohin im Herbst?

Es bieten sich alle Regionen der Welt an.

Naturerlebnis

Naturerlebnis, die Tierwelt

Amerika	Jan	Feb	Mär	Apr	Mai
Argentinien-S		Pinguine nisten			
Chile		Flamingos			
Domin. Republik		Wale			
Hawaii		Delphine ganzjährig			
Kalifornien		Wale			
Kanada					
Kanada/Alaska					

Afrika	Jan	Feb	Mär	Apr	Mai
Ägypten				Zugvögel	
Botswana					
Kenia		Walhaie			
Namibia				Nashörner	
Südafrika					

Asien	Jan	Feb	Mär	Apr	Mai
Indien	Zugvögel			Tiger	
Indonesien		Orang-Utans auf Sumatra			
Malaysia					
Malediven (Ari-Atoll)		Walhaie			
Malediven (Male-Atoll)					
Nepal				Tiger, Krokodile	
Philippinen			Walhaie		
Thailand		Walhaie			

Südpazifik	Jan	Feb	Mär	Apr	Mai
Australien-N					
Australien-O	Vögel				
Australien-W				Walhaie	
Neuseeland		Pinguine			

NATURERLEBNIS

Jun	Jul	Aug	Sep	Okt	Nov	Dez
					Pinguine nisten	
					Flamingos	
Delphine ganzjährig						
						Wale
Lachse			Lachse			
Bären			Bären			
				Polarbären		
Wale						

Jun	Jul	Aug	Sep	Okt	Nov	Dez
			Zugvögel			
Giraffen, Zebras, Zugvögel						
		Gnus wandern			Walhaie	
Großtiere			Zugvögel			
Wale kalben und Vögel brüten						
Großtiere gut zu beobachten						

Jun	Jul	Aug	Sep	Okt	Nov	Dez
				Löwen, Leoparden		Z.
	Warane			Orang-Utans		
			Schildkröten			
					Walhaie	
	Walhaie					
				und Vögel		

Jun	Jul	Aug	Sep	Okt	Nov	Dez
		Großtiere				
					Vögel	
Walhaie			Wale			
					Pinguine	

Urlaubsformen

NATURERLEBNIS

Wohin im Frühling?
- Afrika, wo man auf die europäischen Zugvögel trifft, z.B. in Ägypten, und Großtieren wie den Nashörnern in Namibia begegnet.
- Asien: Tiger in Nepal und Indien. Walhaie in West-Australien.
- März auf den Philippinen: Walhaie.
- Dez.–März in Kalifornien: Wale.
- März–Mai in Südargentinien: Wale, besonders die Schwertwale bei Valdez.
- März–Mai ist die beste Zeit in Nepal und Nord-Indien, um Großtiere zu beobachten. Besonders Nashörner und Tiger, die man sonst kaum zu sehen bekommt, können um diese Zeit in diesen Gebieten in verschiedenen Naturparks angetroffen werden.

Wohin im Sommer?
- Kanada: Hier wandern die Lachse und mit ihnen die Bären die Flüsse entlang. Dort und in Alaska trifft man jetzt auch Wale an.
- In Afrika, besonders in Namibia, Botswana und Südafrika wandern die Gnus und Zebras von Juni bis Sept. zu den wenigen Wasserstellen. Sie können infolge der niedrigen Vegetation nun gut beobachtet werden.
- Im Sommer kalben die Wale in Südafrika.
- Auf den Malediven ist jetzt die Zeit der Walhaie.
- März–Juni in Westaustralien: Walhaie.
- Mai–Sept. beim Male-Atoll (Malediven): Walhaie.
- In Australien zeigen sich im Juli und Aug. die Wale im Westen und die Großtiere im Norden des Kontinents.
- Auf Komodo in Indonesien ist die beste Zeit für Warane die Trockenzeit von Apr. bis Okt. 500–5000 dieser urweltlichen „Drachen" findet man auf Komodo. Sie können in unseren Sommermonaten dort aus der Nähe beobachtet werden.

Wohin im Herbst?
- Kanada, um die Polarbären zu bewundern.
- In Chile trifft man jetzt auf Scharen von Flamingos.
- In Indien sind jetzt die Großtiere besonders gut zu beobachten.
- Eine besondere Rarität sind die Riesenschildkröten, die jetzt nachts zum Eierlegen an die Ostküste Malaysias kommen.

NATURERLEBNIS

- Großtiere sind in Nepal und Nord-Indien am besten von Ende Sept.–Nov. zu betrachten. Besonders Nashörner und Tiger, die man sonst kaum zu sehen bekommt, können um diese Zeit in diesen Gebieten in den verschiedenen Naturparks angetroffen werden.
- August–Oktober Wale bei Madagaskar und West-Australien
- Im Sept./Okt. kommen die Elefanten-Robben zur Paarung auf die Halbinsel Valdez im Süden Argentiniens.

▲ *Elefantenmutter mit ihrem Kleinen auf Sri Lanka*

Wohin im Winter?

- In Südamerika: Kolibris und Schmetterlinge.
- Amerika: In Kalifornien und in der Karibik trifft man jetzt auf Wale, in Chile tummeln sich Tausende von Flamingos.
- In Australien und Neuseeland bieten sich besonders jetzt Safaris und Bootstouren an, z. B. zu den Vögeln des Barriere-Riffs, da diese von Dez. bis Febr. brüten.
- Jan.–Apr. in Thailand: Walhaie.
- Okt.–März in Kenia: Walhaie.
- Nov.–Apr. beim Ari-Atoll und Mai–Sept. beim Male-Atoll (Malediven): Walhaie.
- Ab Oktober kommen die Pinguine zum Nisten nach Südargentinien und können dort besonders gut beobachtet werden.

NATURERLEBNIS

Naturerlebnis, die Pflanzenwelt

Amerika	Jan	Feb	Mär	Apr	Mai
Chile					
Kanada				Wildblumen	
USA-N+ Kalifornien				Wildblumen	

Afrika	Jan	Feb	Mär	Apr	Mai
Ägypten		Wildblumen			
Madagaskar	Orchideen (und Schmetterlinge)				
Südafrika					

Vorderer Orient, Asien	Jan	Feb	Mär	Apr	Mai
Indien, Ladakh					
Indien-N			Wildblumen + Rhodod.		
Japan				Kirschblüte	
Jordanien			Wildblumen		
Nepal			Rhododendronblüte		
Syrien				Wildblumen	

Südpazifik	Jan	Feb	Mär	Apr	Mai
Australien					
Neuseeland					

Ganzjährig
lohnend sind Gebiete in den Tropen, wie z. B. Madagaskar, Hawaii, Bali.

Wohin im Winter?
Nepal, Nord-Indien und natürlich alle tropischen Länder.

Wohin im Frühjahr?
N-Amerika, N-Afrika, der Vordere Orient, Nepal und N-Indien, ab März auch Japan.

NATURERLEBNIS

Jun	Jul	Aug	Sep	Okt	Nov	Dez
			Wildblumen			
			Indian Summer			
			Indian Summer			

Jun	Jul	Aug	Sep	Okt	Nov	Dez
					Wildblumen	
Orchideen (und Schmetterlinge)						
			Wildblumen + Jacaranda			

Jun	Jul	Aug	Sep	Okt	Nov	Dez
	Rosenblüte					

Jun	Jul	Aug	Sep	Okt	Nov	Dez
			Wildblumen			
			Wildblumen			

Urlaubsformen

Wohin im Sommer?
Ladakh und Himalaya-Provinzen.

Wohin im Herbst?
Kanada und N-Amerika, Chile, N- und Südafrika, Australien und Neuseeland.

Kulturerlebnis

Überblick

Der Anteil der Kultur-Reisen an den Reiseprogrammen ist zwar insgesamt gering, doch nicht nur der Kultur-Reisende ist interessiert, wann wo bestimmte kulturelle Ereignisse stattfinden. Verständlicherweise kann hier nur eine kleine Auswahl aus einer Fülle interessanter Events aufgeführt werden, die natürlich immer subjektiv ist.

Zur besseren Übersicht sind die Tabellen mit Farben unterlegt:
- **Rot** = religiöse Feste
- **Grün** = folkloristische Ereignisse
- **Gelb** = Umzüge und Prozessionen
- **Blau** = Wettrennen, Wettbewerbe
- **Orange** = nationale Festtage und Kunst-Feste

Viele der aufgeführten Feste sind religiösen Ursprungs. Es macht daher Sinn, sich mit weltweit gefeierten religiösen Festen vertraut zu machen, die – soweit in diesem Rahmen möglich – nach Religionen geordnet kurz vorgestellt werden.

Feste des Animismus

Traditionelle Gebräuche in heute (offiziell) von anderen Religionen geprägten Ländern sind weltweit noch zu finden. Die Zeitpunkte hierfür berechnen sich nach dem Mondkalender, nach dem Beginn und Ende der Regenzeit und dem Stand der Gestirne. Sie verschieben sich also von Jahr zu Jahr und sind nicht festzulegen. Geisteraustreibungen, Maskenumzüge und Tanzzeremonien sind wegen des großen touristischen Interesses an solchen Festen, soweit sie sich in bestimmten Monaten wiederholen, unter den einzelnen Monaten aufgeführt.

Feste des Buddhismus

Der buddhistische Kalender richtet sich nach dem Mondzyklus. Deshalb variieren die Feste in den Daten innerhalb eines Monats. Alle Angaben zu buddhistischen Festen sind daher nur annäherungsweise möglich. Die jährlich wiederkehrenden buddhistischen Feste sind: Neujahrsfest, Tempelweihfest, Weihefest eines Klosters, Feste zu Ehren von Verstorbenen und vor allem zu Ehren Buddhas. Das be-

KULTURERLEBNIS

deutendste ist das **Vesak-Fest** zur Erinnerung an die Geburt Buddhas (Mai). Entsprechend der Vielzahl der verschiedenen buddhistischen Glaubensrichtungen und der regionalen Vielfalt sind die Termine äußerst unterschiedlich. Es empfiehlt sich daher, vor Antritt einer Reise sich einen „Calender of Events" zu besorgen, der bei den entsprechenden Fremdenverkehrsämtern erhältlich ist.

Feste des Hinduismus

Die Vielzahl der Gottheiten des Hinduismus bringt eine Unzahl von religiösen Festen mit sich, die wiederum in den einzelnen Regionen höchst unterschiedlich gefeiert werden. Relativ festgeschrieben sind die großen Feste:

Literaturtipp
„Hinduismus erleben" von Rainer Krack, Reise Know-How Verlag, Bielefeld

Zu Jahresbeginn das **Cavadee-Fest,** ein Bußfest, meist im Januar. Im Februar folgt das **Maha Shivaratree-Fest,** ein Opferfest für Shiva. Im Oktober wird das **Divali-Fest** gefeiert, ein Lichterfest zur Feier des Sieges des Guten über das Böse. Am Jahresende folgt das **Teemedee-Fest** zu Ehren Kalis u. a. Der Bali-Hinduismus kennt noch ganz andere Feste, die sich aber wegen des nur 220 Tage umfassenden Bali-Jahres ständig verschieben und deshalb erfragt werden müssen (beim Fremdenverkehrsamt).

Feste des Islam

Im Orient gilt das Mondjahr, das 354 Tage hat. Das hat zur Folge, dass die moslemischen Feiertage nach den Maßgaben unseres Kalenders „durch das Jahr nach vorne wandern", d.h. jedes Jahr

KULTURERLEBNIS

10 bis 11 Tage früher liegen. Das wichtigste Fest des Islam ist der **Fastenmonat Ramadan.** Der Termin für 2003: 27. Okt. (Fastenmonatsbeginn) bis zum 25. Nov.

Feste des Judentums

Das jüdische Jahr beginnt immer im Herbst. Die jüdischen Feiertage fallen immer in die gleiche Jahreszeit, aber ihr genaues Datum ändert sich von Jahr zu Jahr unserer Zeitrechnung. Da aber das Passah-Fest unabänderlich im Frühjahr liegen muss, wird in 19 Jahren siebenmal ein Schaltmonat eingeschoben, so dass alle 19 Jahre das jüdische Jahr mit dem Sonnenjahr identisch ist.

Die wichtigsten Feste: Im März **Purim** (zum Gedenken an die Rückkehr aus der babylonischen Gefangenschaft), im April das **Passah-Fest** (aus Anlass des biblischen Auszugs aus Ägypten), im September das **Yom-Kippur-Fest** (der Versöhnungstag), im Oktober/November das **Laubhütten-Fest** (der Tag der Freude über die Thora).

Feste im Januar

Amerika	Name	
Kanada	Dragon Parade	
Afrika		
Mauritius	↗ Cavadee-Fest	
Senegal	Ndeup-Tänze	
Asien		
China	Blumen-Fest	
	Tempel-Fest	
	Neujahrs-Fest	
	Yuanxian	
Japan	O-shogatsu	
Malaysia	↗ Thaipusam-Fest	
Vietnam	Tet-Fest	
Südpazifik		
Australien	Grand Slam	
	Country-Music-Festival	
Neuseeland	Sommer City	

Kulturerlebnis

Büßerfeste

*Das **Thaipusam-Fest** ist das wichtigste Hindu-Fest in Singapur und Malaysia mit Geißelungen, Tragen von Kavadi-Gestellen und Durchbohren von Wangen und Lippen mit Spießen.*
*Ähnlich wird das **Cavadee-Fest** auf Mauritius gefeiert. Zehn Tage dauert dort das große Fest der Tamilen aus Südindien, die in dieser Zeit enthaltsam leben und in ihrer Heiligen Schrift lesen. Auf dem Höhepunkt des Festes stechen sie sich die Haut mit silbernen Nadeln durch, an denen sie schwere Holzbogen befestigen, die sie in einer Prozession herumtragen, um Buße zu tun.*

Art	Ort
Chin. Neujahr	Vancouver
Hinduistisches Büßer-Fest	überall
Austreibung böser Geister	Dakar
Akrobatik im Longtan-Park	Peking
Baiyungnan-Tempel	Peking
	überall
Laternen-Fest	Peking
Neujahrs-Fest	überall
Hinduistisches Büßer-Fest	Kuala Lumpur und Singapur
Neujahrs-Fest	überall
Tennisturnier	Melbourne
	Tamworth
Folklore-Fest	Wellington

Kulturerlebnis

Feste im Februar

Amerika	Name
Bolivien	De la Virgen de Candelaria-Festival
Brasilien	Karneval
Chile	Semana Valdivia
Kanada	Yukon Quest
Trinidad (Karibik)	Karneval
USA	Eisskulpturen-Festival
Afrika	
West-Afrika	Mereesx
Asien	
Indien	Holi-Fest
	Muharram-Fest
Indonesien	Pasola-Fest
Japan	Hanami-Fest
Malaysia	Neujahrs-Fest
Nepal	Losar-Fest
Sri Lanka	Navam Poya
Thailand	Makka Puja
Tibet	Great-Prayer-Festival

Feste im März

Amerika	Name
Bolivien	Phuj-Vay-Fest
Brasilien	Candomble
Afrika	
Südafrika	Folklore-Feste
Asien	
Bali (Indonesien)	Nyepi
Israel	Purim-Fest
Malaysia	Quing Ming
Nepal	Holi-Fest
Südpazifik	
Australien	Moomba-Fest
Neuseeland	Golden Shears
	Maori-Fest

KULTURERLEBNIS

Art	Ort
Lichterfest für Jungfrau Maria	Titicacasee
Umzüge der Sambaschulen	Rio de Janeiro
Folklore-Fest	Valdivia
Hundeschlittenrennen	Vancouver
Reggae-Musik, farbenfrohe Umzüge	überall
	Minnesota
Geisteraustreiben	Senegal
Farbenschlacht	im Norden
Schiitenfeier	in Lucknow
Reiterkämpfe	Insel Sumba
Kirschblüten-Fest Febr. (S) bis Apr. (N)	überall, je nach Blütezeit
Chinesen-Fest	Kuala Lumpur und Singapur
Tibetisches Neujahr	im Hochland
Elefantenumzug	Colombo
Lichterprozession	Bangkok
Tibetisches Neujahr	Jorkhang

Art	Ort
Folklore-Fest	überall
Prozession für Salzwassergöttin	Salvador de Bahia
Straßen-Feste	überall
Absoluter Ruhetag vor Galungan-Fest	überall, selbst am Flughafen!
Rückkehr aus babylon. Gefangenschaft	überall
Ahnen-Fest mit Geldverbrennen	überall, auch in Singapur und Indien
Wasserschlachten	überall
Kultur-Festival	Melbourne
Schafschurwettbewerb	Masterton
Kanu-Regatta	Ngaruawahia

Urlaubsformen

Kulturerlebnis

Feste im April

Amerika	Name	
Bolivien	Carnaval-Fest	
Kanada	Shaw-Festival	
Afrika		
Ägypten	Kamelrennen	
Asien		
Israel	Passah-Fest	
Japan	Hanami-Fest	
Jordanien	Theater- und Kunst-Festival	
Laos	Neujahrsfest Pi May	
Myanmar (Burma)	Thingyan-Fest	
Syrien	Desert-Festival	
	Frühlings-Fest	
Thailand	↗ Songkran-Fest	
	↗ Drachenfestival	

◄ Festliche Prozession auf Bali

Feste im Mai

Amerika	Name	
N-USA	Folk-Festival	
Afrika		
Marokko	Musik-Festival	
Senegal	Ufulung-Dyendena-Fest	
	Fil-Fest	

KULTURERLEBNIS

Art	Ort
Buntes Treiben	Oruro
Theater-Festival	Ontario
Folklore-Festival	Sharm El Sheikh
Auszug aus Ägypten	überall
Kirschblüten-Fest	
Kultur-Fest mit viel Folklore	Amman
Wasserschlachten	überall
Wasserschlachten	überall
Wüsten-Folklore-Fest	Palmyra
Folklore-Fest	Hama
Wasserschlachten	überall
Wettbewerbe	überall

Thailändische Feste
Nach alter Tradition lassen die Thai während der Zeit des NO-Monsuns ihre **Drachen** *steigen und gegeneinander kämpfen. Große, bunte Papierdrachen werden in den Wind gelassen. Ziel ist es, den gegnerischen Drachen manövrierunfähig zu machen und in das am Boden abgesteckte, eigene Spielfeld herunterzuzerren.*
Das traditionelle **thailändische Neujahrsfest** *ist als Wasserfest bekannt. Eimerweise wird das erfrischende Nass verteilt. Verbunden mit jeder Wässerung sind die besten Wünsche für das nun beginnende neue buddhistische Jahr.*

Art	Ort
Regionen-Fest	Pittsburgh
Internationales Fest	Agadir
Regengeister-Fest	überall
Tanzzeremonien	überall

KULTURERLEBNIS

Asien	Name
Bali (Indonesien)	Purnama
China	Drachenboot-Fest
Israel	Yom Haatzmaut
Japan	Goldene Woche
Jordanien	Kultur-Festival
Malaysia	Drachenboot-Fest
Myanmar	Lichter-Fest
Nepal	Buddha-Jayanti-Fest
Sri Lanka	↗Wesak-Poya-Fest
Syrien	Blumen-Fest

Das Wesak-Poya-Fest

ist der wichtigste buddhistische Feiertag, der auf den Vollmondtag des sechsten Monats des Mondkalenders fällt. Es erinnert an Buddhas Geburt, Erleuchtung und Tod. Gläubige begeben sich zu ihren Tempeln und umrunden nach Einbruch der Dunkelheit in einer Kerzenprozession das jeweilige Hauptgebäude.

Feste im Juni

Amerika	Name
Chile	Pachamama
Kanada	Jazz-Festival
	Jazz-Festival
Peru	Juti Raymi
USA	Blues-Festival
	Jazz-Festival
	Shakespeare-Festival
Afrika	
Jordanien	Kultur-Festival
Marokko	Kirschgarten-Fest
Asien	
Bali (Indonesien)	Kesenian-Festival
	Büffelrennen
Indien	Rath-Yatra-Fest
Tibet	Gyantse-Fest
Südpazifik	
Australien	Film-Festival

KULTURERLEBNIS

Art	Ort
Vollmond-Fest	Ubud
Regatta	S-China
Unabhängigkeitstag	überall im Land
Märkte	überall
	Amman
Regatta	überall
Folklore-Fest	überall
Buddhistisches Fest	überall
Laternen-Fest	überall
Folklore-Fest	Damaskus

Art	Ort
Rituelle Tänze	NW des Landes
Musik-Fest	Vancouver
Musik-Fest	Montreal
Tänze, Umzug	Cuzco
Musik-Fest	Chicago
Musik-Fest	New York
Theater-Fest	New York
Musik, Tanz, Theater	Amman
Volkstanzgruppen	überall
Kunst- und Kultur-Fest	Denpasar
Tabanan	W-Bali
Tempelwagenumzug	im Norden
Pferderennen+Folklore	überall
Internationales Festival	Melbourne

Urlaubsformen

KULTURERLEBNIS

Feste im Juli

Amerika	Name	
Chile	La Fiesta de Tirana	
Kanada	Folk-Festival	
USA	Great Circus Parade	
Afrika		
Südafrika	Festival of Arts	
Asien		
Bali (Indonesien)	Odalan	
Japan	Gion-Matsuri-Fest	
Sri Lanka	Vel-Fest	
	Deepavali	
	Esala Poya	

Feste im August

Amerika	Name	
Bolivien	Unabhängigkeitstag	
Kanada	First-Peoples-Festival	
USA	Jazz-Festival	
Afrika		
Ägypten	Folklore-Festival	
Kapverden	Musik-Festival	
Asien		
Tibet	Shoton-Festival	
Indien	Alleppey	
Malaysia	Hungry-Ghosts-Fest	
Japan	O-Bon-Fest	
Bali (Indonesien)	17. Aug.	
Vietnam	Trung Nguyen	

KULTURERLEBNIS

Art	Ort
Kultur-Festival	Pica
Folklore-Fest	Winnipeg
Folklore des 19. Jh.	Milwaukee
Kunst- und Theater Fest	Grahamstown
Tempel-Fest	überall
Wagenumzug	Kyoto
Selbstkasteiungen	überall
Lichter-Fest	überall
Elefantenumzug und Tänzerprozession	Kandy

Art	Ort
Folklore	überall
Historisches Trachten-Fest	Victoria
Musik-Fest	Chicago
Folklore	Kairo
Größtes Musik-Festival Afrikas, international	Mindelo
Opern-Festival	Norbulingka
Drachenbootrennen	Südindien
Straßenopern	Kuala Lumpur und Singapur
Ahnen-Fest	überall
Nationalfeiertag mit vielen Folklore-Festen	überall
Toten-Fest	überall

Kulturerlebnis

Feste im September

Amerika	Name	
Kanada	Film-Festival	
USA	Jazz-Festival	
	German-American-Festival	
	Film-Festival	
Afrika		
Ägypten	Araber-Pferde-Fest	
Marokko	Berber-Fest	
Südafrika	Zulu-Festival	
	Arts-Alive-Festival	
Asien		
Indien	Ganesh Chaturthi	
Indonesien	Bestattungsfeiern	
Israel	Yom-Kippur (Fasten)	
Jordanien	Opern-Festival	
Laos	Bootsregatta	
Malaysia	Mooncake-Fest	
	Birthday of the Monkey God	
Syrien	Theater-Festival	
	Musik-Festival	
Südpazifik		
Australien	Festival of the winds	

 Laotisches Ruderfest
Ende August/Anfang September, zum Ende der buddhistischen Fastenzeit findet in Vientiane die berühmte Bootsregatta statt. Langboote mit bis zu 60 Ruderern kämpfen auf dem Mekong um den Sieg. Ähnliche Wettrennen finden auch in Zentral-Thailand statt.

KULTURERLEBNIS

Art	Ort
Internationales Festival	Montreal
Musik-Fest	Chicago
Kultur-Fest	Chicago
Internationales Festival	New York
Pferderennen	Sharkiya
Verlobungs-Markt	Im Süden
Stammestrachten	Kapstadt
Kultur-Fest (auch Okt.)	Kapstadt
Elefantenumzüge	Nord-Indien
Wasserbüffelopfer	Torajaland in N-Sulawesi
Tag der Versöhnung	überall
Kultur-Fest	Petra
Sportliche Folklore auf dem Mekong	Luang Prabang, Vientiane
Laternenumzüge	Singapur
Tranceumzüge	Singapur
Kultur-Fest	Bosra
Kultur-Fest	Aleppo
Drachenflugwettbewerb	Bondi Beach

Urlaubsformen

KULTURERLEBNIS

Feste im Oktober

Amerika	Name	
Brasilien	Okt.-Fest	
Afrika		
Marokko	Pferde-Fest	
	Dattel-Fest	
Mauritius	↗ Divali-Fest	
Südafrika	Jacaranda-Festival	
Asien		
China	Mond-Fest	
Israel	Simhat Torah	
Malaysia	Pilgerfahrt	
Myanmar	↗ Phaungdaw-Oo-Festival	
Nepal	Dasain	
Sri Lanka	Deevapali	
Thailand	Loy Krathong	
Südpazifik		
Australien	Tulipan-Festival	
	Jacaranda-Festival	

Divali-Fest

Beim Divali-Fest feiern die Hindus den Sieg des Guten über das Böse. Und das geschieht ausgesprochen fröhlich während eines großen Lichterfestes. Hinduistische Familien zünden vor ihren Häusern Öllampen an und erinnern alle daran, dass Rama aus dem Exil zurückgekehrt ist, nachdem er seinen Gegner Ravana besiegt hat.

Phaungdaw-Oo-Festival

ist das wichtigste und farbenprächtigste Pagodenfest in Myanmar, das mehrere Wochen dauert. Als Höhepunkt werden vier goldene Buddhastatuen an Bord einer geschmückten Königlichen Barke gebracht, die wie der mythologische Karaweik-Vogel geformt ist. In einer farbenfrohen Prozession vieler Boote mit Beinruderern wird die königliche Barke zu den schwimmenden Dörfern des Inle-Sees gebracht. An mehreren Tagen werden Wettrennen der berühmten Beinruderer abgehalten.

Kulturerlebnis

Art	Ort
Folklore	Blumenau
Rennen	Tissa
Folklore	Erfoud
Hinduist. Fest Sieg des Guten (Tipp!)	überall
Baumblüten-Fest	Pretoria
Folklore-Fest	N-China
Laubhütten-Fest	überall
Dank für Rettung Schiffbrüchiger	Singapur nach Kusu-Island
Pagodenfest (Tipp!)	Inle-See
Tieropfer-Fest	überall
Lichter-Fest	überall
Lichter-Fest	überall
Blumen-Fest	Bowral
Baumblüten-Fest	Grafton

Urlaubsformen

◀ Priester auf Bali

Kulturerlebnis

Feste im November

Amerika	Name
Mexiko	Dia de los Muertos am Totensonntag
USA	Internationales Folk-Festival
	Thanksgiving Day
Asien	
Israel	Hanukka-Fest
Indien	↗ Pushkar-Festival
Nepal	Tihaar-Fest
Thailand	Elefantenzusammentrieb
	↗ Tempelfestivals
Südpazifik	
Australien	Melbourne Cup

Im November zum Pushkar-Festival

Tagelang bietet Pushkar im November beim Herbstvollmond Fremdartiges und Faszinierendes: stolze Wüstenbewohner, ehrwürdige Heilige und aschebeschmierte Yogis, listige Marktschreier und groteske Gaukler. Prachtvoll mischen sich farbige Männerturbane und grell-bunte Frauentrachten mit spiegelbesetzten Miedern und weit schwingenden Röcken. Unablässig strömen Pilger zum Brahmatempel in der Altstadt und zum Heiligtum der Göttin Savitri auf dem Juwelenhügel. Fakire durchbohren sich die Zunge mit Dolchen und Magier führen Tricks vor. Den Höhepunkt des Festes bilden die Rennen der Dromedare und Pferdewettkämpfe.

KULTURERLEBNIS

Art	Ort
Toten-Fest, Gebäck in Totenkopfform	überall
Folklore	Cincinnati, Ohio
Parade	New York
Lichter-Fest	überall
Kamel-Festival und -rennen	Rajasthan
Folklore	überall
Folklore	im Norden
Prozessionen	In Bangkok
Größtes Pferderennen	Melbourne

Im November nach Thailand zu den großen religiösen Festen

In der 1. Novemberwoche findet auf dem Goldenen Hügel in Bangkok das größte buddhistische Tempelfest statt. Wer das Glück hat, die Lichterprozession zum Berggipfel des Golden Mount mitzuerleben, wird von diesem Fest begeistert sein.

Ebenfalls in diese Zeit fallen die sechstägigen Feiern des Phra Pathom Chedi im benachbarten Nakhon Pathom. Ferner findet in Surin im November die große Elefantenschau statt, bei der Hunderte von Elefanten zu sehen sind, eine Attraktion ganz besonderer Art.

Absoluter Höhepunkt schließlich ist das Loy-Krathong-Fest in der ersten Vollmondnacht im November. Es ist eines der bezauberndsten Feste, das die Thais zu Ehren der Göttin der Flüsse abhalten. Tausende von Minibooten mit Kerzen werden auf den Kanälen und auf dem Menamfluss ausgesetzt und bilden eine Lichterprozession. Krathongs sind aus Bananenblättern gefertigte, lotosförmige Schiffchen, versehen mit brennenden Kerzen, glimmenden Räucherstäbchen, Blumen und kleinen Münzen als Opfergaben für die Wassergeister. Die Thais glauben, dass mit dem abtreibenden Schiffchen auch die Sorgen und Sünden davongetragen werden. Für andere gehen Wünsche in Erfüllung, wenn die Kerze möglichst lange brennt.

KULTURERLEBNIS

Feste im Dezember

Amerika	Name
Chile	*Fiestas*
USA	*Festival of Lights*
Afrika	
Mauritius	*Teemedee*
Asien	
Ladakh (Indien)	*Kloster-Feste*
Tibet	*Driving off evil spirits*

Kultur-Reisen im Überblick

Zur besseren Übersicht sind die Tabellen mit Farben unterlegt:
- **Rot** = religiöse Feste
- **Grün** = folkloristische Ereignisse
- **Gelb** = Umzüge und Prozessionen
- **Blau** = Wettrennen, Wettbewerbe
- **Orange** = nationale Festtage und Kunst-Feste

Amerika	Jan	Feb	Mär	Apr	Mai	Jun	Jul	Aug	Sep	Okt	Nov	Dez
Andenstaaten		rot	grün	gelb								
Brasilien	gelb	gelb										
Chile						orange	grün					grün
Kanada	grün	blau		gelb		gelb	orange		gelb			
Karibik		gelb										
Mittelamerika										rot		
USA N		grün				gelb	gelb	gelb			grün	
USA Z							gelb	gelb				gelb

Afrika	Jan	Feb	Mär	Apr	Mai	Jun	Jul	Aug	Sep	Okt	Nov	Dez
Ägypten				blau				blau	blau			
Kapverden												
Marokko					gelb	grün			grün	blau		
Mauritius	rot									rot		rot
Senegal	rot	rot										
Südafrika	gelb							gelb	grün			

92

KULTURERLEBNIS

Art	Ort
Folklore	*überall*
Folklore	*Niagara und New York*
Hindu-Fest, Lauf über glühende Kohle	*überall*
Maskentänze	*überall*
Tänze	*überall*

Urlaubsformen

Vorderer Orient, Asien	Jan	Feb	Mär	Apr	Mai	Jun	Jul	Aug	Sep	Okt	Nov	Dez
Burma				■	■							
China	■									■		
Indien			■		■			■	■		■	
Indonesien		■		■		■	■	■		■		
Israel			■	■		■	■				■	
Japan	■	■			■		■	■				
Jordanien				■	■		■	■				
Laos				■						■		
Malaysia	■	■						■		■		■
Nepal			■							■		
Sri Lanka	■				■		■					
Syrien				■	■				■			
Thailand		■		■						■	■	
Vietnam	■						■					

Südpazifik	Jan	Feb	Mär	Apr	Mai	Jun	Jul	Aug	Sep	Okt	Nov	Dez
Australien	■		■			■			■	■	■	

Tipps für Städtetouren

Wohin im Winter?
Südamerika, Südafrika, Asien und Australien, wo überall festlicher Südsommer ist.

Wohin im Frühling?
Vorderer Orient: Die meisten kulturellen Attraktionen finden jetzt hier statt. Dort herrschen angenehme Temperaturen und die Feierfreude ist entsprechend groß. Auch das Osterfest wird in christlich geprägten Regionen feierlich begangen. In großen Teilen Asiens finden jetzt ebenfalls religiöse oder folkloristische Feste statt. In Amerika und Afrika dagegen sind die Feste um diese Zeit dünn gesät.

Wohin im Sommer?
Amerika: Wer um diese Jahreszeit Urlaub plant, wird dort die meisten Feste mitbekommen. Auch in vielen Ländern Asiens finden kulturelle Attraktionen statt. Dagegen herrscht in Australien jetzt auch kulturell „Winter" und im Orient ist es zu heiß.

Wohin im Herbst?
Weltweit. Jetzt werden weltweit die meisten Feste gefeiert (außer in Teilen Asiens).

Tipps für Städtetouren

Kapstadt im Januar

Was liegt näher, als jetzt genau dorthin zu reisen, wo um diese Zeit Sommer ist, ins ferne Kapstadt? Um unnötigem Trubel zu entgehen, sollte man unbedingt die Weihnachtszeit und den Jahresanfang aussparen und warten, bis die südafrikanischen Ferien vorüber sind. Dann ist Kapstadt nicht überlaufen und es macht Spaß, bei angenehmen 25 °C und 11 Stunden Sonne am Tag das „Mittelmeerklima" zu genießen. Kapstadt zählt sicher zu den schönsten Städten der Welt. Eine ganz besondere Faszination geht vor allem von den Tropengärten inmitten der City aus. Die prächtigen Designershops und die vielen verlockenden Bistros machen einen Bummel an der Waterfront zum Erlebnis.

Tipps für Städtetouren

Das besondere Wahrzeichen der südlichen Stadt ist aber der Tafelberg, der unmittelbar hinter der Stadt aufragt und ihr eine großartige und weltweit einmalige Kulisse verschafft. Mit einer Drahtseilbahn aus dem Jahr 1929, die aber mit neuen schweizerischen Gondeln ausgestattet ist, kann man hinauffahren und auf dem Plateau auf mehreren Wanderwegen den wunderbaren Ausblick genießen. Besonders empfehlenswert ist auch ein Spaziergang durch den Botanischen Garten am Osthang des Tafelberges.

Wer mehr Zeit mitbringt, sollte sich auch die äußerst reizvolle nähere Umgebung nicht entgehen lassen: An der 50 km langen Küste, die an zwei Ozeanen liegt, dehnen sich kilometerlange, wunderschöne Sandstrände aus und eine Fahrt auf der „Gartenroute" zählt zu den schönsten Touren im ganzen Land. An den Bergketten um Kapstadt liegen überall Weinberge, schmucke Gutshäuser und verlockende Feinschmeckerlokale: Genießer kommen voll auf ihre Kosten.

Was wäre Kapstadt ohne das Kap der Guten Hoffnung! Nur eine halbe Autostunde entfernt liegt es in unberührter Naturlandschaft. Ein absolutes Muss!

Und noch ein besonderer Tipp: Lohnende Schiffswracks sind für Taucher eine besondere Attraktion. Sie liegen gleich vor dem Kap der Guten Hoffnung.

- **Nähere Infos** unter www.kapstadt-net.de, www.kapstadt.de, http://cpnp.co.za, http://cape-town.org
- **Literaturtipp:** Chr. Philipp, „Südafrika", Reisehandbuch, Reise Know-How Verlag

Mexico-City im Februar

Kein Reiselustiger kommt in seinem Leben um einen Besuch Mexico-Citys, der vielleicht größten Stadt der Erde, herum. Zwar ist sie wegen ihres starken Verkehrs und der entsprechenden Smoghäufigkeit eher gefürchtet als geliebt. Aber dem Kulturbeflissenen bleibt es trotz der Probleme des Molochs nicht erspart, Mexico-City in sein Programm aufzunehmen. Neben vielen Sehenswürdigkeiten hat es rund 60 Museen zu bieten, allen voran natürlich das große Nationalmuseum, das allein einige Tage Besuch wert ist. Auch liegt vor den Toren der Stadt die größte ausgegrabene altindianische Stadt: Teotihuacan. Eine Reise nach Mexico-City bietet sich besonders in unserem euro-

Tipps für Städtetouren

päischen Winter an, denn dann ist der Himmel blau und die Nächte sind angenehm kühl.
- **Nähere Infos** unter www.mexiko-reisetipps.de
- **Literaturtipp:** H. Hermann, „Mexiko", Reisehandbuch, Reise Know-How Verlag

Rio de Janeiro im Februar

Einmal im Leben den Karneval in Rio zu erleben, das ist der Traum vieler Touristen. Zwar ist um diese Zeit die ganze Stadt ein einziger Hexenkessel und die Hotels sind überfüllt und sündhaft teuer, auch herrscht bei den ohnehin gefürchteten Taschendieben jetzt Hochkonjunktur. Dennoch: Dieses einzigartige Erlebnis bleibt besonders verlockend. Natürlich wird man sich nicht nur die weltberühmten Sambashows und die vor Lebendigkeit überbordenden Umzüge ansehen, sondern auch möglichst viele der unzähligen Sehenswürdigkeiten der nach Stefan Zweig „schönsten Stadt der Erde". Dazu zählen das Wahrzeichen Rios, der Zuckerhut ,oder der ebenso imposante Corcovado-Berg, der Gouverneurspalast, der Botanische Garten uva.
- **Nähere Infos** unter www.brasil.de
- **Literaturtipp:** Carl D. Goerdeler, „KulturSchock Brasilien", Reise Know-How Verlag

Dubai im März

Wer in der kalten oder schmuddeligen Jahreszeit angenehmes Sommerklima in einer aufregenden Umgebung erleben möchte, ist reif für Dubai. Atemberaubende Wüstendünen, weiße Sandstrände, üppige Parks und beeindruckende Bauten, historische neben Wolkenkratzern, verleihen in ihrer einzigartigen Mischung der arabischen Stadt Dubai ein einmaliges Flair und einen ganz besonderen Reiz, den man am besten jetzt, vor dem Beginn der großen Hitze genießen kann.

Hunderte von hölzernen Dhaus liegen im Creek, dem bekannten alten Hafen, dem Herzen der Stadt. Zwei ganz verschiedene Welten stehen sich auf den beiden Ufern gegenüber: links die alten Häuser aus Korallenstein und Kalkmörtel mit mächtigen Windtürmen, rechts die modernen Hochhäuser aus Beton, Stahl und Glas. Eine Besichtigung verdienen das alte Fort und die Große Moschee sowie die

Tipps für Städtetouren

engen Ladengassen der Souqs. Dubai ist auch bekannt für günstiges Shopping und seine prächtigen Strandhotels, die einen angenehmen Badeurlaub ermöglichen. Unbedingt gehört ein Ausflug in die nahe wundervolle Wüstenlandschaft zum Programm. Wer das Spektakel eines Kamelrennens erleben möchte, kann das zu dieser Jahreszeit an jedem Donnerstag und Freitag.

- **Nähere Infos** unter www.dubaitourism.co.al oder www.burj-al-arab.com
- **Literaturtipp:** Kirstin Kabasci, „Emirat Dubai", Reisehandbuch, Reise Know-How Verlag

Damaskus im April

Ein Besuch empfiehlt sich besonders im späten Frühjahr, da dann die Temperaturen am angenehmsten sind. Und weil im April die meisten sehenswerten Festivals im erreichbaren Umkreis stattfinden, vor allem das Frühlingsfest und das farbenprächtige Desert-Festival. Meiden sollte man allerdings die Osterfeiertage, denn um diese Zeit sind alle Hotels überfüllt und überteuert, während man danach hier noch keinen Massentourismus antrifft. Die Hauptstadt Syriens ist vermutlich die älteste Stadt der Welt. Einflüsse der verschiedensten Kulturen und Epochen vermischen sich hier und machen sie zu einer der reichhaltigsten und schönsten Metropolen der arabischen Welt: Assyrer, Griechen und Römer haben ihre Spuren hinterlassen. Großartige Baudenkmäler, wie die weltberühmte Omayaden-Moschee, der Azem-Palast und alte Karawansereien, warten auf ihre Entdeckung. Damaskus ist eine quirlige Stadt mit farbenprächtigen Basaren, in denen die Zeit stehen geblieben zu sein scheint.

- **Nähere Infos** unter www.damascus-online.com
- **Literaturtipp:** M. Brunswig, „Syrien", Reisehandbuch, Reise Know-How Verlag

Peking im Mai/Juni

Im Sommer ist es hier drückend schwül-heiß mit Temperaturen bis zu 40 °C und es regnet viel. Im Winter kann es unangenehm kalt werden. Im Frühjahr bringt der Wind aus der Wüste Gobi heftige Sandstürme. Ideal dagegen ist das spätere Frühjahr; besonders Mai und Juni eig-

TIPPS FÜR STÄDTETOUREN

nen sich hervorragend für einen Besuch der chinesischen Metropole. Peking bietet so viele Sehenswürdigkeiten, dass man unbedingt eine Woche Zeit haben sollte, die einstige Hauptstadt Ostasiens mit ihrer 3000-jährigen Geschichte zu „erobern". Mit der „Verbotenen Stadt" mit den kaiserlichen Palästen und seinen vielen Tempeln verkörpert Peking den unbekannten, geheimnisvollen Orient. Einst Hauptstadt der Mongolen, später Sitz der Kaiser, schließlich von den Kommunisten erobert, ist Peking heute das politische und kulturelle Zentrum des Riesenreiches China.

- **Nähere Infos** unter www.beijingpage.com
- **Literaturtipp:** O. Fülling, „Chinas Osten mit Beijing und Shanghai", Reisehandbuch, Reise Know-How Verlag

Vancouver im Juli/August

Eine Stadt zum Verlieben, gerahmt von schimmernden Fjorden und den schneebedeckten, über 1000 m hohen Küstenbergen. Wegen des kurzen Sommers eignen sich nur diese Monate für einen Besuch der Stadt, die wegen ihres ständig wachsenden Anteils an Hongkongchinesen auch „Hongcouver" genannt wird. Nirgendwo sonst auf der Welt – außer in China selbst – findet man so viele und so gute Chinalokale. Ebenfalls ausgesprochen einladend sind an einem schönen Sommertag die vielen Straßencafés, Restaurants und Märkte, besonders im beliebten Flanierbezirk des alten Hafenviertels, dem schönsten Treff am Nachmittag oder zum Sunset. Wer viel Zeit mitbringt, kann noch einen Abstecher in das umliegende British Columbia machen, die Perle der kanadischen Provinzen mit vielen sehenswerten Naturparks, in denen um diese Jahreszeit herrliche Blumenwiesen voll in Blüte stehen.

- **Nähere Infos** unter www.travelcanada.de
- **Literaturtipp:** Wagner, Grundmann, „Canadas großer Westen mit Alaska", Reisehandbuch, Reise Know-How Verlag

Buenos Aires im August

Besonders empfehlenswert für den Besuch von Buenos Aires ist der europäische Sommer. Dann herrscht in Argentinien die kühlere Jahreszeit mit Temperaturen um 20 °C. Dies bietet für eine Städtetour

TIPPS FÜR STÄDTETOUREN

die besten Voraussetzungen, während es anschließend oft unangenehm heiß wird. Die „Hauptstadt des Tangos", der in den hiesigen Kneipen geboren wurde, lockt jedes Jahr einige Millionen Touristen an. Das besondere Flair ermöglicht ein Sichtreibenlassen besser als sonst irgendwo in einer Großstadt. In der ersten Hälfte des 19. Jahrhunderts gehörte das „Silberland" Argentinien zu den reichsten Nationen der Welt, was sich auch in den Prachtbauten der Hauptstadt niederschlug. Unter anderem entstanden das Teatro Colon, die Prachtstraße Avenida de Mayo mit ihren Renommierbauten und die „Tango-Meile", das Herzstück der Stadt. Freitags und samstags gibt es hier die besten Tango-Vorführungen.

- **Nähere Infos** unter www.cityofbuenosaires.com
- **Literaturtipp:** G. Wessel, „Argentinien", Reise Know-How Verlag

Kairo im Oktober

Natürlich kann man auch zu jeder anderen Jahreszeit eine Stadt wie Kairo besuchen. Es spricht aber vieles für den Herbst. Wer das wirkliche Kairo erleben will, kann sich nicht auf einige „Oasen" wie das Ägyptische Museum beschränken, wo es sich auch an heißen Sommertagen einigermaßen aushalten lässt. Man muss schon die meiste Zeit zu Fuß unterwegs sein und das kann bei Temperaturen um 40 °C unerträglich werden. Das Frühjahr würde sich auch anbieten, aber um diese Jahreszeit verdüstern oft Sandstürme den Himmel und statt der erwünschten Traumfotos bekommt man nur enttäuschende, graue Bilder. Besonders abzuraten von einem Besuch Kairos ist während der Osterferien, da dann die Stadt von Touristen überfüllt ist. Für das Kennenlernen der Hauptstadt braucht man allein mindestens fünf Tage. Von ganz besonderem Reiz ist ein Besuch der Altstadt, die mit mittelalterlichem Charme aufwartet. Hier hat sich scheinbar seit Jahrhunderten nichts geändert und hier kann sich auch nichts ändern, denn eine Sanierung wäre unbezahlbar. Spätestens jetzt macht sich der Tipp bezahlt, nicht zur regnerischen Frühjahrszeit hier herumzulaufen, denn die ungepflasterten Straßen und Gassen sind bei Regen eine einzige Schlammwüste.

- **Nähere Infos** unter www.cairotimes.com
- **Literaturtipp:** Wil und Sigrid Tondok, „Kairo, Luxor, Assuan", Reisehandbuch, Reise Know-How Verlag

Tipps für Städtetouren

Istanbul im Oktober/November

Als einzige Stadt der Welt auf zwei Kontinenten erbaut, präsentiert sich Istanbul, das kulturelle Zentrum der Türkei, als eine faszinierende Metropole. Weltberühmte Bauwerke und das pulsierende Leben schlagen den Besucher schnell in ihren Bann. Die ideale Zeit für den Besuch des orientalischen Märchens ist der Spätherbst, die Zeit nach dem heißen Sommer und vor dem oft nasskalten Winter.
- **Nähere Infos** unter www.tuerkei-ferien.de
- **Literaturtipp:** Manfred Ferner, „KulturSchock Türkei", Reise Know-How Verlag

Hanoi im November

Im November beginnt die Trockenzeit mit klarem Himmel und angenehmen Temperaturen vor allem im Norden Vietnams. Besonders jetzt empfiehlt sich ein Besuch der „grünen Stadt" mit ihrem bezaubernden Charme: Viele Seen und Parks und eine Unzahl von Tempeln und sehenswerten Bauten, dazu die breiten Alleen der Boulevards im französischen Kolonialstil machen die Stadt zu einem besonders lohnenden Ziel in Asien, natürlich auch wegen der Vielzahl von Natur- und Kulturschönheiten der ebenso reizvollen näheren Umgebung.
- **Nähere Infos** unter www.vietnamtourism.com
- **Literaturtipp:** W. E. Bühler, H. Kothmann, „Vietnam", Reisehandbuch, Reise Know-How Verlag

Bangkok im November

Das beliebte Reiseziel ist am besten im November anzupeilen. Nach der schwer erträglichen feuchtheißen Regenzeit sinken jetzt die Temperaturen auf erfreuliche 25 bis maximal 30 °C und es ist viel Sonnenschein zu erwarten. Aber nicht nur das um diese Zeit besonders angenehme Klima, sondern auch die vielen Feste, die jetzt stattfinden, machen den Monat November zur idealen Besuchszeit. So findet in der 1. Novemberwoche auf dem Goldenen Hügel das große buddhistische Tempelfest statt. Wer die Lichterprozession zum Berggipfel des Golden Mount miterlebt, wird von diesem Fest begeistert

Tipps für Städtetouren

sein. Absoluter Höhepunkt schließlich ist das Fest Loy Krathong in der ersten Vollmondnacht im November. Es ist eines der bezauberndsten Feste, das die Thais zu Ehren der Göttin der Flüsse abhalten. Tausende von kleinen lotosförmigen Minibötchen mit Kerzen werden auf den Kanälen und auf dem Menamfluss ausgesetzt und bilden eine Lichterprozession.
- **Nähere Infos** unter www.thailandtourismus.de
- **Literaturtipp:** R. Krack, „Bangkok und Umgebung", City-Guide, Reise Know-How Verlag

Hongkong im Dezember

Wenn bei uns die nasskalte Jahreszeit ihren Einzug gehalten hat, träumt mancher davon, wenigstens für ein paar Tage dem trübseligen Schmuddelwetter zu entfliehen. Jetzt ist die ideale Zeit für einen kurzen Trip ins ferne Hongkong. Dort nämlich hat der Winter noch nicht begonnen (von Jan. bis März ist er zu erwarten), aber umgekehrt ist die schwülheiße Jahreszeit (Apr. bis Okt.) längst vorbei. Damit besteht auch nicht mehr die Gefahr von Taifunen, die vor allem im Sept., aber manchmal auch noch im Okt. über das Land fegen. Nov. und Dez. ist die beste Reisezeit für eine Tour in die ehemalige Kronkolonie.

Ein ganz besonderes Erlebnis und ein absolutes Muss ist der Blick vom über 500 m hohen Berg, dem „Peak", auf eine der wohl schönsten Städte der Welt. Auch die Star-Ferries, die nostalgischen Fähren, gehören seit über 100 Jahren zum Stadtbild und verlocken zu einer Fahrt durch das Hafengelände. Von dort hat man ebenfalls einen wunderschönen Panoramablick auf die Stadt. Kenner des Hafens und Liebhaber der chinesischen Küche kommen auch hierher, um in einem schwimmenden Restaurant zu speisen und sich verwöhnen zu lassen – ein Erlebnis ganz besonderer Art. Auch die uralten, ratternden, britischen Straßenbahnen sind Liebhabern der Nostalgie ein besonders beliebter Anblick und eine echte Attraktion. Eingequetscht zwischen 100 Einheimischen durch die Stadt zu fahren, ist ihnen ein langgehegter Traum, weil es das besondere Flair dieser Stadt ausmacht.
- **Nähere Infos** unter www.DiscoverHongkong.com
- **Literaturtipp:** Werner Lips , „Hongkong, Macau und Kanton", Reisehandbuch, Reise Know-How Verlag

Länder im Überblick

LÄNDER IM ÜBERBLICK

Länder im Überblick

Amerika

Argentinien

Die ideale Reisezeit für das ganze Land gibt es nicht. N: immer feucht und tropisch. NW: Anden von Mai bis Ende Okt. viel Sonne, dagegen im Jan./Febr. viel Regen; Z: kontinental-gemäßigt; SO: Okt.–Apr. angenehm, aber kühl (wie Skandinavien); S: Besonders Patagonien ist empfindlich kalt. Der Südsommer hat zwar den Vorteil, dass der Süden angenehm temperiert ist. Dafür wird es aber in Buenes Aires und im NO dann oft unangenehm heiß.

Beste Reisezeit	*Dez.–März*
HS	*Dez.–Jan. ist Ferienzeit*
NS	*Aug./Sept.*
Aktivitäten	*Ganzjährig: Reitsport und Wandern, Dez.–März: Golf*
Natur	*Südsommer: Pampa, Eisberge im Süden*
Kultur	*Ganzjährig Attraktionen in der Hauptstadt*
Tipps	*Antiquitätenmarkt in San Telmo!*
Links	*www.latinwide.com*

Belize

Beste Reisezeit	*Ganzjährig*
HS	*Wenig Tourismus, keine HS*
Baden	*Ganzjährig*
Aktivitäten	*Febr.–Juni: Segeln und Surfen (auch ganzjährig möglich)* *Juli–Nov.: Tauchen (auch ganzjährig möglich)*
Tipps	*Das kleine Land südlich Mexikos hat vor seiner Küste das zweitgrößte Riff der Welt und ist ein Tauch-Paradies.*
Links	*www.latinwide.com*

AMERIKA

Bolivien

Bolivien ist das Tibet Amerikas, das am höchsten gelegene und weltabgeschiedenste Land Südamerikas. Optimales Klima herrscht dort in den Übergangszonen zwischen den heißen Regenwaldgebieten im Osten des Landes und den eisigen Andengipfeln. Im Südsommer allerdings hat man Hitze, Moskitos, Wolkenbrüche und Überschwemmungen zu erwarten.

Region	Westen	Zentr. Hochland	Tiefland
Beste Reisezeit	Dez.-März	Apr.-Okt.	ganzjährig
HS	Juni und Sept.		
NS	Mai und Okt.		
Aktivitäten	Mai-Sept.: Trekking, Abenteuertrips		
Natur		Andenlandschaft	Regenwald
Kultur	Febr.: Virgen-Fest, Lichterfest zu Ehren der Jungfrau Maria Ostern: Karneval		
Tipps	Im Südsommer hat man Hitze, Moskitos, Wolkenbrüche und Überschwemmungen zu erwarten.		
Links	www.ecuadornet.de, www.bolnet.bo, www.latinwide.com, www.bolivia.de		

Brasilien

Es herrscht ganzjährig feuchtwarmes Klima; unterscheidet sich je nach Region jedoch sehr. Das Amazonasgebiet ist besonders feucht in der Regenzeit von Dez. bis Juni.

NO und O, also an der Küste, ganzjährig tropisch-feucht, im Inneren dagegen trocken-warm. SO: Regen im Dez./Jan. und im Juli. S: mild bis kühl von Mai bis Aug, Regen zwischen Juni und Aug.

Beste Reisezeit	Mai-Nov.: sonnig, 25 °C
	Aug.-Nov. für Besuch des Iguacu-Wasserfalls
HS	Dez.-Juni, Ende Febr.: Karneval,
	Weihnachten und Ferien im Juni
NS	Rest des Jahres
Baden	Ganzjährig im NO (immer 25 °C bei Salvador da Bahia)
	Okt.-Apr. bei Rio an der Copa Cabana

Länder im Überblick

AMERIKA

Aktivitäten	*Ganzjährig: Tauchen* *Febr.-Juni und Sept.-Nov.: Golf* *Juli-Sept.: Wanderungen am Amazonas und Pferdetrekking im Pantanal*
Kultur	*50 Tage n. Ostern: Festa Divino Espirito Santo in Pirenopolis* *Juni: Festas Juninas überall* *Aug.: Festa de Peao (Rodeo) in Sao Paulo* *Okt.: Oktoberfest in Blumenau*
Links	*www.brasil.de, www.brasemb.de*

Chile

Da sich das Land von den Subtropen bis zur Antarktis erstreckt, berührt das Staatsgebiet die unterschiedlichsten Klimazonen. Daher gibt es keine ideale, sondern unterschiedliche Reisezeiten. Im trockengemäßigten Norden lässt es sich auch im Südwinter (Juni bis Sept.) gut aushalten, südlich von Santiago dagegen regnet es bei empfindlichen Temperaturen im Winter oft wochenlang. Im äußersten Süden (Patagonien und Feuerland) scheint dann zwar noch öfter die Sonne, aber der permanente Sturm kann entnervend sein. Beinahe windstille Tage bringt dagegen der patagonische Frühling zwischen Oktober und November.

Beste Reisezeit	*Sept.-Nov. (Frühling) und März/Apr. (Herbst), Naturparks am besten im Sommer(Dez.-März)* *Okt. bis Apr. Reisen möglich, besonders im immer milden, mediterranen Zentrum bei Santiago de Chile*
HS	*Jan.*
Baden	*Ideales Wetter im Zentrum, aber zum Baden zu kalt (5-9 °C)*
Aktivitäten	*Okt.-Mai: Golf* *Nov.-Febr.: Segeln und Surfen, aber tückischer Wind* *Jan./Febr.: Radfahren in Patagonien* *Ganzjährig: Wandern*
Natur	*Frühling und Herbst besonders schön*
Kultur	*Sept. und Dez.: Fiestas*
Tipps	*HS meiden, Juni-Sept. dagegen wenig Touristen*
Links	*www.lanchile.com, http://laf-reisen.com, www.chileinfo.de*

AMERIKA

Costa Rica

Beste Reisezeit	Dez.-Apr.: Um diese Zeit ist es in dem immerfeuchten Land besonders trocken. Ganzjähriger Besuch möglich, da Regen meist erst nachmittags fällt.
HS	Dez./Jan.; aber auch dann wenig Tourismus
Baden	Ganzjährig
Aktivitäten	Ganzjährig: Wandern, Golf und Kajakfahren
Links	www.pineapple.at, www.aventoura.de, www.centralamerica-tourism.com, www.tourism-costarica.com

Dominikanische Republik

Beste Reisezeit	Nov.-Mai: Sonnig und 25 °C, nachts 20 °C
HS	Dez.-Mai: Hotels teuer und voll
NS	Juni-Okt.: Wasser unruhiger, Hurrikans möglich
Baden	Ganzjährig warm, Palmen gesäumte, kilometerlange Strände, besonders im Südosten bei Punta Cana
Aktivitäten	Nov.-Mai: Segeln, Surfen, Tauchen und Schnorcheln Ganzjährig: Wandern in den Bergen des Nordens
Natur	Jan.: Buckelwale
Kultur	Febr.: Karneval
Tipps	Oldtimerparadies
Links	www.dominicana.com, www.domincanrepublic.com

Ecuador

Dieses Land ist besonders reizvoll, da hier die gegensätzlichsten Landschaften auf einer Reise besonders gut kombiniert werden können: die Berge des Andenhochlandes mit Höhen bis zu 6000 m, das Amazonasbecken, die Badestrände des Pazifiks und die paradiesische Tierwelt der vorgelagerten Galapagos-Inseln. Im Andengebiet herrscht angenehmes, frühlingshaftes Klima, besonders bei Quito.

AMERIKA

Beste Reisezeit	Westen/Galapagos: Mai–Dez. Andenhochland: Juni–Sept. Tiefland im Osten: Sept.–Dez.
HS	Jan./Febr. und dortige Ferienzeit (Juli/Aug.)
NS	Dortiger Frühling, besonders Sept.–Okt. farbenfroh
Baden	Mai–Dez.
Aktivitäten	Juni–Aug.: Trekking in den Bergen, Sept.–Dez. im Tiefland
Natur	Ganzjährig Tierbeobachtungen
Tipps	Regenmantel mitnehmen!
Links	www.ecuadorline.de

Galapagos-Inseln

Beste Reisezeit	Apr. und Mai, nur 2 Regentage, angenehme Temperatur um 28 °C, Wassertemperatur bei 23 °C
HS	Apr. (Ostern)
Baden	Jan.–Juni, ab Juli ist das Wasser zu kalt zum Baden und diesiges Wetter herrscht.
Aktivitäten	Dez.–Mai: Tauchen Jan.–Juni: Adventure-Touren
Natur	Apr. und Mai: Tierbeobachtungen. Sie sind zwar immer möglich, aber die übrigen Monate sind oft zu schwül, besonders Juni und Juli.
Links	www.oceanwide.com, www.galapagos-sub-aqua.com

▶ *Guatemala:*
Große Wäsche
im Fluss

AMERIKA

Guatemala

Der größte Teil Guatemalas gehört der mittelhohen Zone der tierra templada an (zwischen 800 und 1600 m Höhe) mit „ewigem Frühling". Guatemalas bekannteste Tempelanlage bei Tikal jedoch liegt in der heißen Zone der tierra caliente (bis 800 m Höhe). Hier ist der Sommer unangenehm bis unzumutbar.

Beste Reisezeit	Okt.-Mai
HS	Juli und Aug. überfüllt, auch Weihnachten und Ostern
NS	Dez.-Febr.: kühl, Mai-Okt.: Regen
Baden	Ganzjährig möglich
Aktivitäten	Wandern
Kultur	1. Nov.: Dia de los Muertos mit Totenkopfgebäck
Tipps	Mit Mexiko-Reise verbinden
Links	www.latinwide.com

Kanada

Entsprechend den gewaltigen Dimensionen dieses Reisegebietes herrschen hier Klimaunterschiede wie zwischen Schweden und Nordafrika. Generell ist die beste Reisezeit für Kanada und den nördlichen Teil der USA der europäische Sommer.

Beste Reisezeit	Juni-Aug.
HS	Juni-Aug.
NS	Apr./Mai und Sept./Okt.
Baden	Juni-Aug.: Baden ist möglich, aber das Wasser ist kalt
Aktivitäten	Im Sommer: alle sportlichen Aktivitäten, besonders Kanu, Kajak, Segeln, Wandern, Golfspielen
Natur	Im Sommer Lachse und Bären, im Herbst „Indian Summer"
Kultur	Im Juli: Jazz-Festival, Drachenboot-Festival, Winnipeg-Folklore-Festival und Calgary-Events
Tipps	HS meiden, weil die Parks überlaufen sind
Links	www.travelcanada.ca

AMERIKA

Karibik

Die karibischen Inseln liegen in den Tropen und haben entsprechend nur geringe Temperaturschwankungen im Jahresverlauf zwischen 25 und 28 °C. Auch die Wassertemperaturen sind immer angenehm warm. Besonders im europäischen Winter ist ein Karibikurlaub sehr sinnvoll, denn diese Zeit ist in den meisten Regionen die trockenere Periode, während es in den europäischen Sommermonaten deutlich feuchter und regenreicher wird.

Juli und August können Bruthitze bringen und von Juni bis Oktober besteht die Gefahr heraufziehender Hurrikans, besonders auf den nördlichen Kleinen Antillen, wobei September und Oktober die gefährlichsten Monate sind. Auch werden in der Regenzeit die Mücken auf allen Inseln zu lästigen Plagegeistern.

Beste Reisezeit	*Große Antillen: Dez.-Apr., z. T. auch auf den Kleinen Antillen; Regen von Juni bis November häufig, aber in kurzen Schauern*	*Leewards Islands: Feb.-Nov. Windwards Islands: Jan.-Sept. Dez. und Jan. oft Sturm und Regen*
HS	*Dez.-Apr.*	*Jun.-Aug.*
Baden	*Ganzjährig*	*Auf den verschiedenen Inseln zu verschiedenen Zeiten optimal*
Aktivitäten	*Ganzjährig: Segeln, Tauchen, Schnorcheln, Rafting, Trekking, Paragliding, Kanufahren, Golfen*	
Tipps	*Auch NS ist schön und nicht so überlaufen; Hurrikanzeit meiden! Die enorme Vielfalt der Karibik erschließt sich erst beim Island-hopping!*	
Links	*www.karibik.de, www.caymanislands.ky, www.jamaicatravel.com, www.st-martin.org, www.martinique.org, www.st.lucia.com, www.caribtourism.com*	

AMERIKA

Kuba

Beste Reisezeit	Nov.-Mai: sonnig und 25 °C, nachts 20 °C
HS	Dez.-Mai: nicht überfüllt
NS	Juni-Okt.: schwüler, Hurrikans möglich
Baden	Ganzjährig viele kilometerlange, schöne Strände
Aktivitäten	Nov.-Mai: Segeln, Surfen, Tauchen und Schnorcheln
Natur	Nov.-Jan.: Zuckerrohrernte
Kultur	Apr.: Festival del Caribe in Santiago de Cuba Juni: Festival de Cultura in Santiago de Cuba Okt.: Internationales Ballett-Festival in Havanna Dez.: Internationales Film-Festival in Havanna
Links	www.cuba-reisen.com, www.kuba.org, www.cuba-individual.com, www.cubainfo.de

Mexiko

Der größte Teil Mexikos gehört der mittelhohen Zone der tierra templada an (zwischen 800 und 1600 m Höhe) mit „ewigem Frühling". Yucatan jedoch, mit den bekannten Ausgrabungsstätten Palenque, Chichen Itza und Uxmal, liegt in der heißen Zone der tierra caliente (bis 800 m Höhe). Hier ist der Sommer unangenehm bis unzumutbar. Auch Mexiko-City sollte man im Sommer meiden, weil dann der Smog dort unerträglich ist.

Beste Reisezeit	Okt.-Mai
HS	Juli und Aug. überfüllt, auch Weihnachten und Ostern
NS	Dez.-Febr.: kühl, Mai-Okt.: Regen, oft auch Orkane
Baden	Ganzjährig möglich, besonders auf der Insel Cozumel oder bei der Halbinsel von Cancun
Aktivitäten	Okt.-März: Tauchen Juni-Aug.: Surfen und Segeln in der südl. Baja California Nov.-Jan.: beides jetzt in der nördlichen Baja California Okt.-Apr.: Golf überall
Natur	Febr.-Apr.: Wale beobachten
Kultur	1. Nov.: Dia de los Muertos mit Totenkopfgebäck
Tipps	Mit Guatemala verbinden! Sommer meiden wegen Smog
Links	www.mexiko-reisetipps.de, www.islacozumel.com

AMERIKA

Osterinsel

Beste Reisezeit	Dez.-März, danach viel Regen, kühl, Sept.-Nov. wieder gut geeignet
Kultur	Ganzjährig Besuch der Riesenstatuen möglich
Links	www.lanchile.com, http://laf-reisen.com/

Peru

Vor etwa 450 Jahren zerbrach das Inka-Reich, das einmal das mächtigste der Erde war. In Peru kann man der Kultur der Inkas noch heute begegnen. Warm-gemäßigtes, frühlingshaftes Höhenklima herrscht von Apr. bis Dez. Die Temperaturen betragen 20–28 °C. Viel Regen fällt in den Monaten Jan.–Apr. Dann ist alles grün, aber Überschwemmungen erschweren Fußwanderungen.

Beste Reisezeit	Dez.-Apr. an der Küste Mai-Sept. in den Anden Mai-Dez. im Tiefland
HS	Juni-Aug.: europäische Ferienzeit Um diese Zeit ist das Küstengebiet oft nebelig.
Baden	Dez.-Apr.
Aktivitäten	Juni und Juli sonnig: ideal für Bergsteigen und Wandern Mai-Sept.: Radtouren Apr.-Dez.: Adventure-Touren
Natur	Juni und Juli: herrliche Bergwelt
Kultur	Ganzjährig: Indianer-Kultur Juni: Inti-Raymi-Fest in Cuzco mit Tänzen
Tipps	Vor allem Juni-Aug. herrscht klares Wetter in den Anden. Dez.-Apr. ist die Küste sonnig.
Links	www.latinwide.com, www.peruline.de

USA

Wegen der sehr unterschiedlichen Landesnatur der einzelnen Gebiete gibt es für die USA wichtige Tipps zu beachten, wenn man die ideale Reisezeit erwischen möchte.

AMERIKA

USA, Alaska

Beste Reisezeit	Juni–Aug.
HS	Juli und Aug.
NS	Mai/Juni/Sept.
Aktivitäten	Juni–Sept.: alle, besonders Kanu, Kajak, Wandern und Bergsteigen, Golf
Natur	Juni–Okt.: Wale
Links	www.travelalaska.com

USA, Hawaii

Die Hawaii-Inseln liegen fest in amerikanischer Hand und eignen sich deshalb besonders als Einstieg ins exotische Paradies der Pazifik-Inseln. Es ist keine Malariaprophylaxe erforderlich, die Flug- und Busverbindungen und die gesamte Infrastruktur sind optimal. Für Aktivitäten aller Art ist bestens gesorgt. Besonders beliebt ist Hawaii bei Surfern wegen seiner hohen Wellen in unserer Winterzeit.

Da Hawaii im subtropischen bis fast schon tropischen Klimabereich liegt, werden gleichbleibende, angenehme 23 °C erreicht. Man könnte hier also ganzjährig Urlaub machen. Doch sind die Monate Juni–Aug. schwüler und es regnet (noch) mehr.

AMERIKA

Beste Reisezeit	*Immer*
HS	*Dez.-Febr.*
NS	*Rest des Jahres*
Baden	*Ganzjährig warm*
Aktivitäten	*Dez.-Apr.: Segeln und Surfen, beste Wellen (im NO bis 8 m)*
	Apr.-Okt.: Tauchen
	Febr.-Nov.: Wandern
	Ganzjährig: Radtouren
Natur	*Dez.-März: Wale in Lahaina auf Maui*
Kultur	*Ganzjährig in Honolulu*
Links	*www.pacificwhale.org, www.gohawaii.com,*
	www.hawaii-online.de, www.bigisland.org,
	ww.visitmaui.com, www.visit-oahu.com,
	www.kauai-hawaii.com, www.hawaiiactivityworld.com

„Winter" auf Hawaii

Man muss wissen, dass in den Wintermonaten Jan. bis März öfter Nieselregen möglich ist und dass auf den hohen Vulkanen Schnee liegen kann. Auch deswegen ist es ratsam, noch vor „Wintereinbruch" den Urlaub anzutreten, allerdings möglichst nicht in der Hauptsaisonzeit um Weihnachten! Der Sommer wird wegen des oft schwülen Wetters und der gelegentlichen Wirbelstürme manchen Europäer von seiner geplanten Reise zu den Trauminseln Hawaiis abhalten. Grundsätzlich muss man beachten, dass im NO die Hawaiiinseln niederschlagsreich sind, im SW und W dagegen meist sonnig, weshalb hier auch die meisten Hotels liegen. Wer nicht nur am Strand von Waikiki in Honolulu bleiben möchte, sollte unbedingt eine Vulkantour zum Haleakala-Krater auf Maui machen. Besonders schön ist die Insel Kauai mit dem Kalalautrail von Kee Beach ins Kalalau Valley (18 km) und dem Waimea Canyon Weg im Kokee State Park (28 km) mit atemberaubenden Ausblicken auf den 900 m tiefen Canyon aus rotem Sand. Hier gibt es Regenwald, Sümpfe, Wasserfälle und einen der schönsten Aussichtspunkte der Welt, den Kalalau Lookout mit einem Traumblick über die Na-Pali-Coast und auf die Na-Pali-Klippen, die 600 m ins Meer abfallen. Spektakuläre Helikopterflüge über die Na-Pali-Küste und den Waimea-Canyon werden angeboten.

AMERIKA

USA, Kalifornien

Region	Norden	Süden	Zentral-Kalifornien
Beste Reisezeit	Juni-Aug.	Sept.-Nov.	immer heiß
HS	Juni-Aug.	Sept.-Nov.	im europäischen Winter erträglich
NS	Mai, Sept./Okt.	Rest des Jahres	Rest des Jahres
Baden	Nur im Sommer angenehm, aber im nördlichen Teil kühl		
Aktivitäten	Juni-Nov.: alle, besonders Segeln, Surfen, Kanufahren, Wildwasserfahrten		
Natur	Dez.-März: Grauwale Frühling: Blumenwiesen Herbst: Laubfärbung		
Kultur	Sept.: Blues-Festival in San Francisco		
Tipps	NS wählen! Sonderrolle San Franciscos beachten: Hier ist es im Sommer oft extrem kühl und vor allem morgens sehr neblig; dort ist die schönste Jahreszeit Nov.		
Links	www.usa.de		

USA, Norden

Beste Reisezeit	Juni-Aug.
HS	Juni-Aug.
NS	Mai und Sept.
Baden	Juli/Aug., aber das Wasser ist sehr kalt
Aktivitäten	Mai-Okt.: alle, besonders Segeln, Surfen, Kanu, Kajak, Radtouren und Wandern
Natur	Mai und Juni: Tierbabys in den Parks
Kultur	Im Sommer Jazz- und Blues-Festivals, Ende Okt.: Halloween, Anfang Nov.: New York Marathon Ganzjährig in Chicago und New York: Veranstaltungen und Museen
Tipps	HS meiden! Die Naturparks sind dann überlaufen.
Links	www.usa.de

Länder im Überblick

AMERIKA

USA, Süden und Florida

Der Süden der USA ist subtropisch, besonders das nördliche Florida liegt im Bereich der Subtropen, das südliche dagegen ist schon ausgesprochen tropisch. Das bedeutet weitgehend gleichbleibend hohe Temperaturen im ganzen Jahr. Auch die Wassertemperaturen liegen meist über 20 °C. Ganzjährig ist im Süden Urlaub möglich, doch es ist empfehlenswert, die niederschlagsarme Zeit von Nov. bis Mai zu wählen. Natürlich muss man in Kauf nehmen, dass in den Monaten Dez. bis Apr. Hauptsaison ist, was die Preise hochtreibt und Überfüllung herbeiführen kann.

Beste Reisezeit	Nov.-Mai
HS	Dez.-Apr.
NS	Rest des Jahres
Baden	Ganzjährig warmes Wasser
Aktivitäten	Ganzjährig alle, besonders Golf, Segeln und Surfen Okt.-März: Tauchen (aber auch ganzjährig möglich)
Natur	Everglades in Florida, Mississippilandschaft in Süd-USA
Kultur	New Orleans: Blues-Festivals
Tipps	HS möglichst meiden!
Links	www.usa.de

Venezuela

Beste Reisezeit	Jan.-Apr. (Mai-Okt.: viel Regen)
HS	Jan./Febr./März
NS	März-Dez. sind tropisch, feuchtheiß; in den Bergen aber ist es angenehm.
Baden	Jan.-Apr.: ganzjährig möglich auf Isla Margarita
Aktivitäten	Juni-Okt.: Flussfahrten möglich Jan.-Apr.: Surfen (ganzjährig möglich) Nov.-Apr.: Bergsteigen (Tepui) Ganzjährig: Golf
Natur	Nov.-Apr.: Endemische Pflanzen blühen.
Kultur	Jan.: Folklore-Fest, Febr.: Karneval, Mai: Semana Santa (große Prozessionen während oder nach der Karwoche) Juni: Veloro-Folklore-Fest Juli: Fiesta de San Antonio de Padua, Musik-Festival

AFRIKA

Afrika

Ägypten

Beste Reisezeit	Ober-Ägypten (S): Winter besonders angenehm Unter-Ägypten (N): immer trocken-warm
HS	Dez.-Febr.: Ferien
NS	März-Mai und Herbst sind ideal für das ganze Land
Baden	Ganzjährig am Roten Meer
Aktivitäten	Ganzjährig: Tauchen im Roten Meer Ganzjährig: Surfen am Roten Meer Okt.-Apr.: Golf und Wandern im Sinaigebirge
Natur	Ganzjährig blauer und klarer Himmel im Sinaigebirge
Kultur	Wegen vieler Kulturschätze ganzjährig ein Traumziel
Tipps	Reisen besser in NS! Moslemische Feiertage meiden!
Links	www.go-dive.de, www.hurghada.de, www.touregypt.net, www.aegypten-online.de

◀ Segeln auf dem Nil

AFRIKA

Azoren

Beste Reisezeit	ganzjährig
HS	März- Mai
NS	Rest des Jahres
Baden	Wasser im Dez. noch 16 °C, ab Apr. wieder um 20 °C
Aktivitäten	Ganzjährig Tauchen, Segeln, Radeln, Reiten und vor allem Wandern/Bergsteigen
Natur	Hortensien überall ab Frühjahr
Kultur	1. Sonntag nach Ostern: Große Prozession mit Azaleenteppichen auf den Straßen. 5. Sonntag nach Ostern: Fest des Senhor Santo Cristo Aug.: ein ähnliches Fest zu Ehren von Christus auf Graciosa
Tipps	Geführte Wanderungen zu allen Jahreszeiten bei angenehmen 15-25 °C
Links	www.asi.at, www.azoren-portal.de, www.portugal-infos.com

Botswana

Beste Reisezeit	Okt.-Dez.; ab Jan. heiß, im Aug. Sandstürme
Aktivitäten	Apr.-Sept.: Radfahren Okt.-Dez.: Adventure-Touren
Links	www.outlookafrica.co.za, africanews.org, kulturgeo.uni-freiburg.de

Kanaren

Beste Reisezeit	Ganzjährig
HS	Winter
NS	Rest des Jahres
Baden	Apr.-Dez.
Aktivitäten	Ganzjährig: Segeln, Surfen, Tauchen, Golf und Radfahren
Links	www.kanaren.de, www.teninfo.com

AFRIKA

Kapverden

Beste Reisezeit	Nov.-Apr., jedoch ganzjährig möglich
HS	Dez./Jan. = Weihnachtsferien der europäischen Länder
NS	Rest des Jahres
Baden	Ganzjährig
Aktivitäten	Ganzjährig: Segeln und Surfen
Links	www.cabo-verde.info

Kenia

Über dem Äquator steht die Sonne zweimal im Jahr senkrecht. Etwa vier Wochen später folgen meist gewaltige Regenfälle, Grundlage der ausgedehnten tropischen Regenwälder, die sich rings um den Äquator finden. Dies gilt jedoch vor allem für das westliche Afrika. Ostafrika dagegen macht eine Ausnahme davon. Hier liegen vorwiegend Trockengebiete in Kenia und Tansania. Es gibt zwar auch hier zwei Regenzeiten, eine kleine von Okt. bis Dez. und eine Hauptregenzeit zwischen März und Mai. Aber es fallen – außer in der Küstenzone – meist weniger als 100 mm Niederschlag im Jahr. Deshalb fehlen hier die tropischen Regenwälder, außer am Westufer des Victoriasees. Im ostafrikanischen Hochland kann die Trockenzeit manchmal sogar so lange anhalten, dass Mensch und Tier hungern.

Beste Reisezeit	Juni/Juli und Sept./Okt. 28 °C, angenehm; nachts kühler im Hochland
HS	Juli und Aug.= Ferienzeit
NS	Regenzeiten Ende März-Anfang Juni und Okt.-Dez.; Regen nur kurz, aber stark, daher für Reise durchaus geeignet; während dieser Zeit weniger Touristen
Baden	Ganzjährig
Aktivitäten	Ganzjährig: Kamelreiten, Safaris, Tauchen und Surfen
Natur	Juli/Aug.: Gnus wandern; Jan.: viele Vögel an Seen
Tipps	Reisen in NS! Beste Tierbeobachtung möglich zu Beginn der Regenzeit, da die niedrige Vegetation den Blick freigibt und die Großtiere am Ende der Trockenzeit gezwungen sind, die wenigen Wasserstellen aufzusuchen.
Links	www.africaonline.co.ke, http://kenya-direct.com

AFRIKA

La Réunion

Hochsommerliche Verhältnisse das ganze Jahr über, wobei der europäische Winter heißer und feuchter, der europäische Sommer trockener ist. Die Berggipfel sind zu unserer Winterzeit oft schon ab vormittags in Wolken gehüllt.

Beste Reisezeit	Apr.-Sept. = Trockenzeit
HS	Apr./Mai und Juli-Anfang Sept.(= franz. Ferien)
NS	Jan.-März mit viel Regen und Sturm
Baden	ganzjährig
Aktivitäten	Beste Zeit für Wandern, Kanufahren, Reiten, Golfen, Radfahren, Segeln, Tauchen sind die Monate ab April, vor allem Mai und Juni (schönes Wetter, aber noch nicht überlaufen).
Links	www.reunion-evasion.de, www.la-reunion.tourisme.com, www.insel-la-reunion.de

Madagaskar

Madagaskar ist die viertgrößte Insel der Welt mit einer Länge von über 1500 km. Daher ist das Klima nicht ganz einheitlich. Der Westen ist trockener, im Osten dagegen regnet es auch in den sonnigsten Monaten Sept. bis Nov. noch an mindestens 10 Tagen im Monat, so dass man dort von einer eigentlichen Trockenzeit nicht sprechen kann.

Beste Reisezeit	Mai-Sept.
HS	Apr.-Nov. (Nächte im Hochland kalt)
NS	Dez.-Apr.
Baden	ganzjährig
Aktivitäten	Dez.-März bei NW-Wind: Segeln und Surfen Juni-Sept. bei SO-Wind: Segeln und Surfen Juli-Okt.: Radfahren, Flussfahrten, Golf, Reiten, Wandern, Tauchen
Natur	Aug.-Okt.: Wale
Links	www.run.evasion.voici.org, www.MadagascarContacts.com

AFRIKA

Madeira

Beste Reisezeit	Ganzjährig mild mit Temperaturen zwischen 20 und 30 °C. Regen möglich.
HS	Unsere Winterzeit
NS	Mai/Juni
Baden	Ganzjährig
Natur	„Grünes Paradies" durch ganzjährige Niederschläge.
Aktivitäten	Ganzjährig besonders Wandern, Golfen und Wassersport
Kultur	Feb./März: Karneval
Tipps	Wanderungen entlang der Levadas, der Wasserkanäle mit verschiedenen Schwierigkeitsgraden
Links	www.madeira-aktuell.de, www.madeira-web.com

Marokko

Marokko besteht aus mehreren, deutlich unterschiedlichen Klimazonen: Im Norden herrscht Mittelmeerklima mit ausgeglichenen Temperaturen, auch im Sommer bei 20–25 °C. Der Westen hat atlantisches Klima, das ebenfalls ausgeglichen ist, aber etwas windiger. Im Winter gibt es weniger Einschränkungen als im Mittelmeerraum. Im Osten und Süden herrscht Wüstenklima mit Temperaturen bis 45 °C im Sommer.

Beste Reisezeit	W u. N: Mai-Okt. O u. S: März-Mai, Okt./Nov.
HS	Europäische Ferien = Juli und Aug. und islamische Feiertage
NS	Rest des Jahres
Baden	Mai-Okt. bei 18-23 °C Wassertemperatur
Aktivitäten	Jan.-Okt.: Surfen Frühling und Herbst: Golf (auch ganzjährig möglich), Wandern und Kamelritte durch die Wüste, Radtouren (Sommer zu heiß)
Natur	Ostern: die Wüste ist jetzt grün
Kultur	Saisonale Rennen mit Pferden und Kamelen
Tipps	Islamische Feiertage erschweren das Reisen. Sie wechseln von Jahr zu Jahr (s. S. 75).
Links	www.marokko.com, www.marokko.net

AFRIKA

Mauritius

Hochsommerliche Verhältnisse das ganze Jahr über, wobei es zur europäischen Winterzeit heißer und feuchter, während des europäischen Sommers trockener und vor allem in den Abendstunden frischer ist. Generelle Windrichtung ist immer aus SO.

Beste Reisezeit	Juni-Sept.: wenig Regen, sonnig, frühlingshaft schön
HS	Dez.-Apr.
Baden	Ganzjährig an endlosen, weißen Sandstränden
Aktivitäten	Dez.-Apr.: Tauchen, Surfen, Segeln (ganzjährig möglich)
	März-Juni und Sept.-Nov.: Golf
	Ganzjährig: Radfahren, Reiten, Bergwandern
Kultur	Bunte Kulturvielfalt; jede Religion mit eigenen Festen
	Jan.: Chinesisches Frühlings-Fest und Tamilen-Fest Cavadee
	Okt.: Divali, ein Hindu-Lichter-Fest
	Dez.: Teemedee-Fest mit Lauf über glühende Kohlen
Tipps	NS wählen! Die Insel gilt als besonders kinderfreundlich.
Links	www.TrauminselReisen.de
	www.mauritius.net, www.run.evasion.voici.org

Namibia

Beste Reisezeit	März-Mai und Aug.-Okt.
HS	Aug.-Okt.
NS	Nov.-Feb. sehr heiß, ab Jan. außerdem oft Regen
Aktivitäten/ Natur	Jun.-Aug. Safaris am besten, da Tiere in Trockenzeit Wasserquellen aufsuchen
	Jun.-Aug. auch ideale Wanderzeit
Tipps	Okt.-Apr. ist zwar Regenzeit, aber das Land ist üppig grün.
Links	www.namibia-tourism.com

AFRIKA

Sambia

Beste Reisezeit	Apr.-Aug./Sept.
HS	Juli/Aug.
NS	Rest des Jahres
Aktivitäten	Safaris
Tipps	Nov.-März ist Regenzeit, aber jetzt ist alles üppig grün.
Links	www.africanews.org, www.namibia-tourism.com

Senegal

Beste Reisezeit	Nov.-Mai, trocken, aber immer Wind
HS	Dez./Jan. = Weihnachtsferien der europäischen Länder
NS	Übriges Jahr
Baden	Nov.-Mai, jedoch ganzjährig möglich
Aktivitäten	Ganzjährig alle, aber nur in Clubs
Tipps	Feste sind farbenfroh, Termine erfragen!
Links	www.senegal.de

Seychellen

Die 100 weit verstreut im Indischen Ozean liegenden, atemberaubend schönen Inseln sind ganzjährig gut zu bereisen. Die beste Zeit ist jedoch unsere Sommerzeit, denn von Mai bis Sept. werden die Seychellen vom SO-Monsun beherrscht, der im Westen gutes Wetter mit wenig Regen bringt. Von plötzlichen Güssen abgesehen, ist es also trocken und wegen des frischen Windes empfindet man die dauerhaft tropischen Temperaturen zwischen 28 und 31 °C als angenehm.

Im Osten ist allerdings gerade während dieser Zeit das Baden nicht ungefährlich. Mit dem Einsetzen des Nordwestmonsuns wird es wesentlich feuchter und regnerischer, vor allem im Westen und Norden, die nun dem Monsun ausgesetzt sind. Jetzt kommt es hier, auf der dem Wind zugewandten Seite, zu erhöhter Brandung und teilweise gefährlichen Strömungen. Davon sind in erster Linie die Strände ohne vorgelagertes Riff betroffen. Zum Baden und Schnorcheln empfehlen sich daher jetzt nur Strände mit vorgelagerten Riffs, weil dort das Wasser ruhiger und klarer ist.

Afrika

Wenig empfehlenswert sind auch die Wochen des Windwechsels (April/Mai und Okt./Nov.). Im Mai setzt der SO-Monsun fast sturmartig ein und es kommt zu einer starken Aufwühlung des Meeres. Ähnlich unangenehm kann das Einsetzen des NW-Monsuns sein, da die starken Regenschauer stören und durch die stärkere Brandung oft Seegras angeschwemmt wird. Aus all diesen Gründen ist die Zeit ab Juni eine besonders günstige Reisezeit.

Beste Reisezeit	Mai-Okt., am besten Juni und Juli: trocken, angenehmer Wind (SO-Monsun), Temperatur von 24 bis max. 30 °C
HS	Juni und Juli = Ferien, bestes Klima, aber Hochbetrieb
NS	Nov.-Apr.: im Westen nicht zu empfehlen, wegen starken Regens, hoher Luftfeuchtigkeit (bis 100 %), Strömungen und starker Brandung
Baden	Ganzjährig, aber wegen Monsuneinflüssen im W bzw. O unterschiedlich gut: Dez. bis März: NW-Küste rau Juni bis Sept.: SO-Küste riskant
Aktivitäten	Apr./Mai, Okt./Nov.: Tauchen (stille See, gute Sicht!) Diese Monate sind aber schlecht fürs Segeln (flauwindig) Ganzjährig: Wanderungen, Golf, Reiten
Natur	Apr. ist Vogelbrutzeit Ab Okt. kommen die Zugvögel
Kultur	Ganzjährig: farbenprächtige Märkte
Tipps	Strände mit vorgelagertem Riff aufsuchen = Schutz vor Brandung und Strömungen
Links	www.seychelles-evasion.de, dream-tours.de

Simbabwe

Beste Reisezeit	Mai-Aug., dann heiß, ab Nov. Regen
HS	Juli/Aug. = dortige Ferienzeit
NS	März-Mai, Zwischenperiode mit 25 °C
Aktivitäten	Mai-Okt.: Golf und Elefantenritte
Links	www.africanews.org

AFRIKA

Südafrika

Ab Durban herrscht subtropisches Klima mit Niederschlägen im Südsommer (Dez./Jan.). Im Südwinter (Juli/Aug.) erfreut sich das Hochland eines strahlend blauen Himmels. Diese Jahreszeit ist wegen der lichten Vegetation besonders gut zum Besuch von Nationalparks. Gut geeignet dafür sind aber auch die Übergangszeiten Herbst (Apr./Mai) und Frühling (Sept./Okt.). Am weiter südlich gelegenen Kap treffen der Atlantik und der Indische Ozean aufeinander und sorgen für mediterranes Klima mit höheren Niederschlägen im Winter (Juli/Aug.). In den Drakensbergen fällt im Aug. manchmal Schnee. Die Temperaturen sinken dann nachts im Hochland bis auf –10 °C. Sie steigen aber auch im dortigen Winter tags auf rund 20 °C an.

Beste Reisezeit	Okt.-März: Süden Juni-Aug.: Naturparks bei Johannesburg
HS	Dez./Jan. (südafrikanische Ferien) und Apr. (Ostern), auch Juli-Sept. (europäische Ferienzeit)
NS	Apr. und Sept., Nov.-Febr.: heiß, Febr.-Apr.: Regen
Baden	Okt.-Apr. im Süden beim Kap Ganzjährig im NO (Natal und Wild Coast) bei durchschnittlich 24 °C Wassertemperatur
Aktivitäten	Okt.-Apr.: bester Wind zum Segeln und Surfen im NO Aug.-Nov.: gut zum Tauchen, ganzjährig im NO möglich Sept.-Jan.: Golf auf über 400 Plätzen, Apr.-Sept.: Radfahren Juli-Sept.: Safaris gut wegen der niedrigen Vegetation Ganzjährig: Wandern vor allem in den Drakensbergen, Trekking, Wassersport (beste Surfbedingungen Okt.-Apr., allerdings im Dez. oft Windflaute. Tauchen am besten nördlich Durban) Ballonfliegen, Reiten usw.
Natur	Apr.-Aug.: gute Tierbeobachtung an Wasserstellen Juli/Aug.: Wale kalben Aug.: Wildblumensaison, Jacarandablüte Okt./Nov./Jan.-März: wildromantische Drakensberge Nov.-Febr.: Nachts kommen zur Brutsaison Meeresschildkröten an den Strand am Indischen Ozean bei den Naturreservaten.

Länder im Überblick

AFRIKA

Kultur	*Juli: Kunst-Festival in Grahamstown (Kap)* *Aug./Sep.: Blumenshows zur Wildblumenblüte im Namaqualand* *Sep.: Food and Wine Festival in Stellenbosch* *Sept.: Zulu-Festival in Nongoma bei Ulundi und Wal-Festival* *Okt.: Art-Festival in Johannesburg und Jacaranda-Fest in Pretoria* *Ganzjährig: Kapstadt mit Tropengärten, Tafelberg und Gartenroute*
Tipps	*Malariafreie Wildreservate aufsuchen! (am Eastern Cape)* *Ferienzeiten meiden wegen des starken Inland-Tourismus!* *Die Camps des Krügerparks sind in den Ferienmonaten Juli und Dez./Jan. mindestens ein halbes Jahr vorher ausgebucht!*
Links	*www.southafricantourism.de, www.cpnp.co.za,* *www.cape-town.org, www.sabisabi.com,* *www.zulunet.co.za, www.bushmanskloof.co.za*

Tansania

Über dem Äquator steht die Sonne zweimal im Jahr senkrecht. Etwa vier Wochen später folgen meist gewaltige Regenfälle, die Grundlage der ausgedehnten tropischen Regenwälder sind, die sich rings um den Äquator finden. Dies gilt jedoch vor allem für das westliche Afrika. Ostafrika dagegen macht eine Ausnahme davon. Hier liegen vorwiegend Trockengebiete in Kenia und Tansania. Es gibt zwar auch hier zwei Regenzeiten, eine kleine von Okt. bis Dez. und eine Hauptregenzeit zwischen März und Mai. Aber es fallen – außer in der Küstenzone – meist weniger als 100 mm Niederschlag im Jahr. Deshalb fehlen hier die tropischen Regenwälder – außer am Westufer des Victoriasees. Im ostafrikanischen Hochland kann die Trockenzeit manchmal sogar so lange anhalten, dass Mensch und Tier hungern.

AFRIKA

Beste Reisezeit	Nov.-März: im Norden Juni-Nov.: im Süden und Westen
HS	Juli und Aug. = Ferienzeit der europäischen Länder
NS	Rest des Jahres
Baden	Ganzjährig im Osten
Aktivitäten	Nov.-Jan.: am besten für Safaris in Serengeti
Natur	Juli und Aug.: Gnus wandern in Serengeti und Ngorongoro.
Links	www.tanzania-tours.de

Tunesien

Die geografische Lage Tunesiens zwischen Mittelmeer und der Sahara bedingt verschiedene Klimazonen, die das Land das ganze Jahr über, mit wenigen Einschränkungen im Winter, zu einem Reiseland machen. Manchmal kann die Regenzeit (Dez.-März) zu katastrophalen Überschwemmungen führen. Auch ist oft schon im Sept. mit wechselhaftem Wetter zu rechnen und es kann selbst im Juli nass und ungemütlich sein. Doch ist auch die Regenzeit immer wieder von Schönwetterperioden unterbrochen und frischer Wind sorgt auch in der heißen Sommerzeit in Küstennähe für angenehme Abkühlung.

Beste Reisezeit	Frühling bis Herbst, mit 25 °C und Wassertemperaturen über 20 °C
HS	Juli und Aug.
NS	Rest des Jahres
Baden	Apr.-Nov. im Osten und auf der Insel Djerba
Aktivitäten	Frühjahr und Herbst Wüstentrekking
Natur	Wüste, Höhlen
Kultur	Ganzjährig Berbermärkte
Tipps	Insel Djerba bis Nov. schön
Links	www.tourismtunisia.com

VORDERER ORIENT

◀ *Herrliche Fayence-Arbeiten findet man an den Moscheen Isfahans*

Vorderer Orient

Iran

Beste Reisezeit	Apr./Mai und Sept./Okt.; Sommer zu heiß
HS	März/Apr. und Sept.
Aktivitäten	Frühling und Herbst: Adventure-Touren
Links	www.iran.de

Israel

Beste Reisezeit	März-Mai und Okt./Nov.
HS	Apr. und Dez.
NS	Restjahr
Baden	März-Nov.
Aktivitäten	Apr.-Okt.: Tauchen Frühjahr und Herbst: Golf
Natur	März/Apr. und Okt./Nov.: Tausende von Zugvögeln

VORDERER ORIENT

Kultur	Mai und Juni: Theater- und Musik-Festival in Jerusalem Die wichtigsten religiösen Feste: März: Purim (Rückkehr aus der babylon. Gefangenschaft) April: Passah-Fest (der biblische Auszug aus Ägypten) Sept.: Yom-Kippur-Fest (der Versöhnungstag) Okt./Nov.: Laubhütten-Fest (Tag der Freude über die Torah)
Tipps	Ostern und Weihnachten meiden (überfüllt)!
Links	www.israel-info.de

Jemen

Beste Reisezeit	Apr./Mai, Sept./Okt.; März und Aug: angenehm, aber Regen Küste: feuchtheiß, unangenehm, 45 °C, besonders Mai–Juli, keine Luftbewegung Zentrum: kühler, oft Sandstürme und Dunstwolken überm Land Osten: trocken heiß
Baden	Ganzjährig möglich
Aktivitäten	Nov.: Trekking und Radfahren
Natur	Juni–Nov.: grün
Kultur	Ganzjährig: großartige Lehm-Architektur von Sanaa
Tipps	In Gruppen reisen wegen Entführungsgefahr!
Links	www.yenet.com

Jordanien

Beste Reisezeit	Frühjahr und Herbst; Sommer zu heiß (40 °C!), Winter: Regen, kalt
HS	Apr.–Juni und Ramadan-Fest
NS	Übriges Jahr
Baden	Ganzjährig am Golf von Aquaba
Aktivitäten	Ganzjährig Tauchen im Roten Meer, Golf (bei Amman), Reiten im Wadi Rum, Kameltrekking, Schluchtenklettern im Wadi Mujib, Wanderungen und Höhlenwandern
Natur	Apr.: Blumenwiesen (Mohn) bei Amman
Kultur	Frühling und Herbst: Petra mit gigantischen Felsgräbern Mai–Sept.: Sommer-Festival der Kunst
Links	www.see-jordan.com

VORDERER ORIENT

Oman

Beste Reisezeit	März–Mai und Sept.–Dez. trocken, warm
HS	März/Apr. und Dez.
NS	Sommer, zu heiß, nur im Süden etwas milder
Baden	Ganzjährig möglich bei 15 °C im Winter und 30 °C Wassertemperatur im Sommer
Aktivitäten	März–Okt.: Tauchen Frühling und Herbst: Reiten
Links	www.arab.net, emirates-online.com

Syrien

Beste Reisezeit	Frühjahr oder Herbst (selbst die Wüste grünt im Apr./Mai), Sommer heiß, Winter regnerisch
HS	Ostern und Feiertage meiden: Hotel-Zuschläge!
NS	Übrige Zeit
Aktivitäten	Frühjahr und Herbst: Reiten auf Kamelen Apr.: Wüsten-Festival in Palmyra Mai: Blumen-Fest in Damaskus Sept.: Theater-Fest in Bosra und Musik-Fest in Aleppo Ganzjährig: Damaskus, älteste Stadt der Welt mit einer Fülle von Sehenswürdigkeiten und Palmyra, die römische Oasenstadt
Links	www.syria-tourism.org

Türkei

Beste Reisezeit	März–Nov.
HS	Juli/Aug.
NS	Restjahr außer Winter
Baden	Apr.–Okt. bei 18–20 °C Wassertemperatur
Aktivitäten	März–Nov.: Segeln und Surfen (Sommer: Fallwinde!), Tauchen und Golf
Kultur	Ganzjährig: antike Stätten
Links	www.tuerkei-ferien.de

ASIEN

Vereinigte Arabische Emirate

Hier herrscht subtropisches Klima, d.h., es ist ganzjährig warm und es gibt kaum Niederschläge. Mai bis Sept. sind sehr heiß und schwül.

Beste Reisezeit	Okt.-Apr. 20-25 °C, nachts Abkühlung auf 13-16 °C
HS	Jan./Febr. und Ramadan (Fastenzeit)
NS	Sommer
Baden	Ganzjährig am Roten Meer
Aktivitäten	Ganzjährig: Tauchen und Golf (außer Sommer)
Natur	Wüste
Links	www.dubaitourism.co.al, www.emirates-online.com

Asien

Im Bereich des Himalaja-Gebirgszuges besteht ein deutliches Gefälle des Niederschlags von Ost nach West. In Bhutan und Ost-Nepal fällt ganzjährig Regen, im Zentrum im Sommer, im Westen im Winter (Westwindtrift). Im Winter liegt die Gipfelregion im Strahlstrom, d.h., starke Winde wehen (bis zu 150 km/h werden gemessen!).

Bhutan

Fast das ganze Land wird vom Himalaja bestimmt. Das Klima wechselt somit je nach Höhenlage von kühl-gemäßigten Temperaturen bis zum subtropischen Monsunklima im Süden. Der Osten ist wärmer als der Westen. Der Norden ist rau mit Sommerregen.

Beste Reisezeit	Nov.-März in den „Tälern" März-Mai und Sept.-Dez. im Hochgebirge (nachts kalt)
HS	Jan.-März
NS	März-Juni: heiß, keine Sicht
Aktivitäten	März-Mai und Sept.-Dez.: Trekking
Natur	Zur Zeit des Frühlings und Herbstes herrliche Bergwelt
Kultur	Apr. und Sept.-Dez. finden die größten buddhistischen Feiern statt.
Links	www.destination-asien.de

ASIEN

China

Beste Reisezeit	Mai/Juni und Herbst in den nördlichen und zentralen Gebieten Dortiger Sommer: schwül-heiß Dortiger Winter: unangenehm kalt Im Süden ganzjährig subtropisches bis tropisches Klima
HS	Mai-Juni
NS	Rest des Jahres
Baden	Ganzjährig auf Hainan-Insel im Süden
Aktivitäten	Mai-Juni und Sept./Okt.: Golf Juni-Aug.: Radtouren
Natur	Ganzjährig: bizarre Kalkfelsenlandschaft im Süden des Landes bei Guilin
Kultur	Ganzjährig: Folklore, Pekingoper, Akrobatik Jan.: Blumen-Fest im Longtan-Park, Tempel-Fest im Bayunguan-Tempel und Laternen-Fest Juli: Drachenboot-Fest Okt.: Mond-Fest
Tipps	Im N die Monate Juli/ Aug. meiden wegen unangenehm feuchtheißem Wetter. Im S die Monate April - September meiden wegen starker Regenfälle. Hongkong und Peking im Nov. und Dez. bereisen
Links	www.chinanow.com, www.cbw.com, www.Discover-Hongkong.com, www.china-botschaft.de

Indien

Beste Reisezeit	Okt.-März im N und im größten Teil Indiens (alles ist grün) Jan.-Sept. im Süden März-Aug. im NO Mai-Sept. im NW
HS	Okt.-März
NS	Apr. und Febr.
Baden	Ganzjährig im Süden

ASIEN

Aktivitäten	*Apr. Nov.: Wandern im Himalaja* *Juni–Sept.: Wandern in Ladakh* *Ganzjährig: Kamelritt und Elefantenritt*
Natur	*Frühlingswiesen in Kashmir*
Kultur	*Febr.: Shivratri-Fest, Holi-Fest, Muharram-Fest und Desert-Festival in Jaisalmer* *Juni: Rath Yatra-Wagen-Fest in Puri* *Aug.: Snakebootrace in Alleppey, Teej-Fest in Rajasthan zu Beginn der Regenzeit* *Aug./Sept.: Ganesh Chaturthi (Tempel-Fest)* *Sept./Okt.: Onam-Schlangenbootrennen in Kerala* *Okt.: Divali-Fest* *Nov.: Kamel-Fest in Puskar (Rajasthan), Desert-Wüsten-Fest in Bikaner* *Näheres zu Festen unter www.nationalgeographic.de*
Tipps	*Winter und Frühling in Rajasthan mit märchenhaften Maharaja-Palästen, Jaina-Tempeln von Mount Abu und Ranakpur und mit Taj Mahal* *Dez.–März ist in Rahasthan keine Malariaprophylaxe nötig.*
Links	*www.india-tourism.com, www.tourindia.com*

Länder im Überblick

ASIEN

Indonesien

Beste Reisezeit	Apr.-Okt. trocken, sonnig und nicht zu warm
HS	Jan. (Ferien in Australien) und Juli/Aug. (Ferien in Europa)
NS	Rest des Jahres
Baden	Apr.-Nov.; ganzjährig möglich, Tausende von Inseln
Aktivitäten	Mai-Sept.: Tauchen, Segeln, Surfen, Wellenreiten, Vulkantouren, Golf, Radfahren, Elefantenreiten
Natur	Ganzjährig herrliche tropische Fauna und Flora
Kultur	Febr.: Pasola-Reiterspiele (Sumba) Sept.: Toraja-Toten-Feste in Sulawesi Ganzjährig: Tempel-Feste auf Bali
Tipps	Dez.-Febr. Regen und schwül. Bali-Kalender besorgen wegen der zahlreichen Feste!
Links	www.bali-online.com, www.searchindonesia.com

Japan

Beste Reisezeit	März-Mai und Sept.-Nov. Sommer: unangenehm heiß; Winter: besonders im N sibirisch kalt
HS	Mai/Juni
NS	Übrige Zeiten
Baden	Juni bei 25 Luft- und 21 °C Wassertemperatur, aber 12 Regentagen
Aktivitäten	Alle, aber teuer Frühling und Herbst: Wandern Juni: Bootsrennen in Nagasaki
Natur	Apr.: Kirschblüte
Kultur	Apr.-Juni: Kirschblüten-Feste Juli: Gio-Matsuri-Fest mit Wagenumzug in Kyoto Aug.: O-Bon-Toten-Fest Ganzjährig Konzerte in allen großen Städten des Landes
Tipps	Man sollte meiden: HS wegen Überfüllung, Sommer wegen Schwüle und Taifunen, dazu Anfang Jan. wegen O-Shogatsu-Neujahrs-Fest und Anfang Mai wegen der Goldenen Woche.
Links	www.jnto.go.jp

Asien

Kambodscha

Beste Reisezeit	Nov.-Apr.
HS	Dez./Jan.
NS	Übrige Zeit des Jahres
Kultur	Ganzjährig ist die Besichtigung von Angkor Wat möglich.
Tipps	Angkor Wat ist eine ganze Tempelstadt, das größte sakrale Bauwerk der Erde. Daher sollte man sich dafür genügend Zeit nehmen!
Links	www.indochina-services.com

Korea

Beste Reisezeit	S: Mai-Nov., Z: Juni-Okt., N: Nov.-Apr. Das Klima ist ungünstig. Juli-Nov. können Taifune wüten. In Seoul herrscht meist Smog. Schwüle und Regengüsse stören zu fast allen Zeiten.
HS	Juli/Aug.
NS	Mai-Juni und Sept.-Nov.
Baden	Juli-Sept.
Aktivitäten	Ganzjährig: Wandern in 20 Naturparks Aug. und Sept.: Surfen bei hohen Wellen
Natur	Herbstlaubfärbung
Kultur	Neujahr: Tet-Fest, Okt.: Ernte-Dank-Fest
Tipps	In der HS sind die Strände überlaufen, danach aber sind viele militärisches Sperrgebiet. Den Sommer sollte man wegen Smog, Schwüle und Taifunen meiden!
Links	www.southkorea.asiaco.com

Laos

Beste Reisezeit	Okt.-März
HS	Dez./Jan.
NS	Apr.-Sept.: Regenzeit
Aktivitäten	Trekking in der Trockenzeit
Kultur	Ganzjährig ehem. Königsstadt Luany Prabang
Tipps	Bootsrennen am Ende der Regenzeit!
Links	www.indochina-services.com

Asien

Malaysia

Beste Reisezeit	W: Febr.-Juli O: März-Aug.
Baden	Febr.-Juli im W März-Aug. im O
Aktivitäten	Ganzjährig: Dschungel- und Höhlenwandern, Tauchen, Golf
Natur	Juli und Aug.: Riesenschildkröten Langboottour auf Melinauriver Mulu-Nationalpark mit Nashornvögeln/Gibbonaffen!
Kultur	Jan.: Thaipusam-Büßer-Fest Febr.: Chinesisches Neujahr Mai: Drachenboot-Fest Aug.: Straßenopern Sept.: Mooncake-Fest und Monkey-God-Fest Nov.: Deepavali-Fest
Links	www.tourism.gov.my

Malediven

Nur 84 der über tausend Inseln, die nur wenige Meter aus dem Meer ragen, dienen dem Tourismus. Die Malaria ist ausgerottet, allerdings hat El Niño auch die „Korallenbleiche" gebracht. Viele der Steinkorallen verloren ziemlich viel ihrer Farbe. Doch Anzeichen der Erholung sind sichtbar. Die Reichhaltigkeit der Korallen ist immer noch einmalig.

Beste Reisezeit	März-Nov.
HS	Juli/Aug. (Ferien)
Baden	Ganzjährig möglich
Aktivitäten	März-Nov.: Segeln und Surfen (ganzjährig möglich) Ganzjährig: Tauchen (bes. Jan.-Apr. und Dez.) und Golf
Links	www.visitmaldives.com

ASIEN

Mongolei

Beste Reisezeit	Juni–Sept.
HS	Juni und Sept.
NS	Mai und Aug.
Aktivitäten	Juni–Sept.: Wandern, Trekking und Kamelreiten
Kultur	Jan./Febr.: animistisches Neumond-Fest
Links	www.chinanow.com, www.cbw.com

Myanmar (Burma)

Beste Reisezeit	Okt.–März: trocken, kühl, Sommerklima. Ab Sept./Okt. grünt alles (Reispflanzzeit)
NS	Mai–Okt.: Monsun mit Erdrutschen, aber reizvoll grün, Reispflanzzeit
Baden	Ganzjährig: im Süden und auf den Andamanen
Natur	Okt.–März: Der Inle-lake hat jetzt am Ende der Regenzeit seinen Wasserhöchststand und ist damit besonders eindrucksvoll.
Kultur	Apr.: Thingyan-Fest (Wasserschlachten) Okt.: Lichter-Fest
Tipps	Monsunzeit Mai–Okt. meiden wegen Erdrutschgefahr!
Links	www.myanmars.net, www.myanmar.com

Nepal

Beste Reisezeit	Febr.–Apr.: Ende der Regenzeit
HS	Febr.–Apr.
NS	Okt./Nov.: mild und gute Sicht, nachts kalt
Natur	Febr.–Apr.: Rhododendronblüte
Aktivitäten	Frühling und Herbst: Trekking, Kajak und Golf
Natur	Febr.–Apr.: Wildblumenblüte
Kultur	Febr.: Losar-Neujahrs-Fest und Maha-Shivaratri-Fest März: Holi-Fest, Mai: Buddha-Jayanti-Fest Okt.: Dasain-Fest mit Tieropfern Nov.: Tihaar-Fest
Links	www.welcomenepal.com

ASIEN

Pakistan

Beste Reisezeit	Sept.-Apr. bei subtropischem Klima
HS	Dez./Jan.
NS	Frühling und Herbst
Aktivitäten	Sept.-Apr.: Wandern und Trekking in den Bergen
Links	www.tours.hypermart.net/pakistan/pak.htm

Philippinen

Es ist ganzjährig warm, mitunter drückend heiß. In unseren Sommermonaten herrschen dort oft Taifune, die das Reisen erheblich beeinträchtigen können.

Beste Reisezeit	Dez.-Febr.: kühl, trocken, 20-30 °C Juni-Nov.: heiß, Taifune
HS	Dez.-Febr.: Weihnachten, Ferien
NS	Rest des Jahres
Baden	Ganzjährig an 35.000 km feinsandigen Stränden
Aktivitäten	Ganzjährig: Tauchen bei Apo (Mindoro) Dez.-Apr.: Segeln, Dez.-März: Golf
Natur	Ganzjährig Reisterrassen von Banaue, Mayon- und Taal-Vulkan
Kultur	Dez.: Volks-Fest Intramuros in Manila Apr.: Passionsspiele
Tipps	Unsichere Südinseln meiden!
Links	www.diephilippinen.de

Singapur

Beste Reisezeit	Ganzjährig, da in Tropenzone gelegen
HS	Dez./Jan.
NS	Rest des Jahres
Baden	Ganzjährig auf Insel Sentosa
Aktivitäten	Alle
Natur	Botanischer Garten
Kultur	Feste aller Religionen, siehe Malaysia
Links	www.singapore.com

ASIEN

▲ *Traumstrand auf Sri Lanka*

Sri Lanka

Beste Reisezeit	Okt.-März in der Hauptregion um Colombo
HS	Dez.-März/Apr. und Aug.
NS	Rest des Jahres
Baden	Okt.-März bei Colombo Ab Mai ist das Meer aufgewühlt
Aktivitäten	Ganzjährig: Tauchen Ganzjährig: Segeln und Surfen, aber nur in Lagunen Okt.-März: Golf
Tipps	Monsunzeiten meiden! SW: Mai-Sept., NO: Nov.-Juni
Links	www.destination-asien.de

Länder im Überblick

ASIEN

Taiwan

Beste Reisezeit	Dez.-Mai und Sept.-Nov.
HS	Mai
NS	Rest des Jahres
Baden	Ganzjährig bei subtropischem Klima
Aktivitäten	Ganzjährig: alle, besonders Wandern, Kajak, Golf, Tauchen
Tipps	Günstige Flüge über Hongkong, ggf. mit Städtetour Hongkong verbinden (s. u. Städtetouren), Taifunzeit meiden (Juli/Aug.)!
Links	www.chinanow.com

Thailand

Thailand ist das wohl beliebteste touristische Ziel SO-Asiens. Es hat neben seinen vielen Attraktionen den großen Vorteil, dass man es während des ganzen Jahres bereisen kann, denn die schmale, langgestreckte Landesform erlaubt es, vor dem jahreszeitlich wechselnden Monsun jeweils auf die geschützte Seite auszuweichen: von Juli bis September gehen an der Südwestküste, besonders bei Phuket, heftige Regenfälle nieder, doch die Inseln an der Südostküste bei Ko Samui erleben dann die beste Reisezeit, und umgekehrt eignen sich die Monate Dezember bis April besonders für Urlaub auf der Westseite des Landes.

Allerdings bedeutet Regenzeit keineswegs ganztägige Niederschläge und stärkere Abkühlung, sondern nur kurze, wenn auch heftige Schauer und danach wieder Sonnenschein. So kann der Urlauber, den Regen nicht stört, durchaus antizyklisch Urlaub machen und die während der Regenzeit nicht so überlaufene Seite aufsuchen.

Beste Reisezeit	Dez.-Apr. auf der Westseite Mai-Okt. auf der Ostseite Ganzjährig im Norden um Chieng Mai
HS	Dez./Jan.
NS	Restjahr
Baden	Ganzjährig möglich, besonders auf den zauberhaften Inseln
Aktivitäten	Nov.-Apr.: Tauchen, Segeln, Wandern, Golf

ASIEN

Natur	Okt.-Apr., besonders Nov.-Febr. kommen Riesenschildkröten zur Eiablage auf Ko Rawi und in der Umgebung von Phang-Nga in Süd-Thailand. Febr.-Mai: Walhaie Febr.-Mai ist im Süden Thailands Ernte der in Asien heiß begehrten Schwalbennester.
Kultur	Febr.: Makha-Puja-Lichterprozession Apr.: buddhistisches Neujahrsfest Nov.: Lichterprozession zum Golden Mount Nov.: Elefantenschau in Surin Nov.: Loy-Krathong-Fest (Lichterbötchen)
Tipps	Dez. und Aug.: wegen Inland-Tourismus meiden! März-Sept.: Nur während dieser Zeit des SW-Monsuns empfiehlt sich Tauchen und Segeln im SO Thailands. Okt./Nov.: Taifune ziehen über den Golf von Thailand und wühlen das Meer auf. Nov.-Febr.: An den flachen Stränden der Westküste baden, an Stränden im Osten kann es sehr stürmisch werden. Umgekehrt treten während der Monsun-Zeit (Mai-Okt.) an einigen Stränden der Westküste gefährliche Strömungen auf, die Badende aufs offene Meer treiben.
Links	www.thaiembassy.de, www.tailandtourismus.de, www.internet-thailand.de

Tibet

Das Klima ist wegen der großen Höhenlage gemäßigt.

Beste Reisezeit	Mai-Sept.
HS	Juni-Aug.
NS	Frühling und Herbst
Kultur	Aug.: Schorton-Fest (Erntedankfest), Sholdon-Fest (Opernfest) Okt.: Butterblumenfest
Aktivitäten	Mai/Juni und Sept./Okt.: Trekking
Links	www.travel-guides.com, www.chinanow.com

Vietnam

Beste Reisezeit	Nov.-März: trocken, klar, angenehme Temperaturen Mai-Okt.: heiß und regnerisch Sept.: Taifune
HS	Nov.-März
NS	Restzeit des Jahres
Baden	Nov.-März
Aktivitäten	Okt.-März: Trekking und Wandern
Natur	Ganzjährig: Halong-Bucht im N
Kultur	Ganzjährig: Hanoi in N-Vietnam
Tipps	Überlandfahrten nicht in Regenzeit!
Links	www.vietnamonline.net; www.vietnamtourism.com; www.indochina-services.com

Südpazifik

Australien

Kaum ein anderes Land bietet so farbenreiche Gegensätze und ist daher so anziehend wie Australien. Es erstreckt sich von der tropischen Zone im Norden bis zur gemäßigten im Süden und hat vom tropischgrünen Regenwald bis zur feuerroten Wüste alle Landschaften anzubieten, dazu das tiefblaue Barriere-Riff und kilometerlange weiße Sandstrände. Im SO und SW herrscht mitteleuropäisches Klima, hier regnet es am meisten. Die Südküste ist immer regenarm. Das Zentrum ist Wüste mit Temperaturen um 40 °C im Sommer.

Beste Reisezeit	N: Juli und Aug. O: Apr.-Aug. NW: Aug./Sept., Regen von Nov. bis März Z und S: Frühjahr und Herbst
HS	Weihnachten, Ostern
NS	Dez.-Febr.: viel Regen

SÜDPAZIFIK

Baden	Apr.-Aug. bei milden Temperaturen und wenig Regen am besten, jedoch ganzjährig an 3000 km Traumstränden im Osten möglich Nov.-März: gefährliche Quallen im Norden
Aktivitäten	Aug.-Okt.: Segeln, besonders bei Perth im W Febr.-Apr. und Juni-Okt.: Surfen (Wellenreiten) Apr.-Okt.: Tauchen am Barriere-Riff (2000 km) bei ruhigem Meer und klarer Sicht Ganzjährig: Golf und Reiten
Natur	Ganzjährig: Ayers Rock im Zentrum, Pinnacles-Felsen im W, Kakadu-Nationalpark im N März-Juni: Walhaie Juni-Juli: Buckelwale Juli-Sept.: Mantas Okt.-Jan.: Schildkröten
Kultur	Jan. März: Kultur-Fest in Adelaide Ende Sept.: Sydney-Festival Okt.: Kahnwettstreit in Alice Springs Nov.: Okt.-Fest in Sydney, Melbourne Cup (Pferderennen)
Links	www.australia.com, www.australien-info.de, www.greatbarrierreef.com, www.westernaustralia.net, www.queensland-europe.com

Neuseeland

Beste Reisezeit	Nov.-Apr.: Wetter stabil, 23 °C, aber Wolken, Wind
HS	Dez./Jan.
NS	Winter
Baden	Nov. bis Apr. (Nordinsel)
Aktivitäten	Nov.-Apr.: Wandern, Windsurfen, Segeln und Golf
Natur	Frühling: Wiesen
Kultur	Ganzjährig: Maori-Eingeborenen-Kultur
Tipps	Regenschirm nicht vergessen! Während der einmalig schönen Ginsterblüte im Sept./Okt. das Land bereisen!
Links	www.doc.govt.nz, www.yha.org.nz, www.nz.com

SÜDPAZIFIK

Südsee

Wer auf der Suche nach der wahren Südsee ist, dem sei **Westsamoa** besonders empfohlen. Natürlich muss man die Hauptstadt Upolu schleunigst verlassen und mit einer Fähre zum beschaulicheren Savaii übersetzen. Die bekannteste Station eines Südseetrips ist auch die touristischste: Tahiti. Besser weicht man auf die Nachbarinsel Moorea oder ins zauberhafte Bora-Bora aus.

Fidschi: Der internationale Flughafen Nadi ist von der wirklichen Südsee noch weit entfernt. Die einsamen Traumstrände sind erst auf den Atollen östlich von Viti Levu zu finden.

Cook-Inseln mit Rarotonga: Nicht nur wegen der netten Maoris lohnt es sich, auf der Hauptinsel Rarotonga Station zu machen. Hier befinden sich auch wunderschöne Strände mit den berühmten, fast ins Meer tauchenden Palmen.

Beste Reisezeit	Mai-Nov.
HS	Juli/Aug.
NS	Dez.-März
Baden	Ganzjährig
Aktivitäten	Mai-Nov.: Windsurfen, Tauchen, Schnorcheln, Segeln (alles ganzjährig möglich)
Natur	Tropenparadies ganzjährig
Kultur	Maoris auf Cook-Islands (Rarotonga)
Tipps	Westsamoa besonders gastfreundlich und ursprünglich
Links	www.tahiti-tourisme.com, www.borboraisland.com, www.rorotongan.co.ck

SÜDPAZIFIK

Länder im Überblick

Anhang

Anhang

Nützliche Internet-Adressen

Wetter und Klima

www.wetter.de
www.wetter-online.de
www.worldclimate.com
www.wetterzentrale.de
www.wetterspiegel.de
www.meteo-consult.de
www.donnerwetter.de
www.wetternews.de
www.meteofax.de
www.wetternetz.de
www.meteo-online.de
www.wetternews.de
www.wetter.com
www.procumulus.com

Fernreisen allgemein

www.reise-know-how.de
www.auf-und-davon-reisen.de
www.derreisefuehrer.com
www.fernweh.com
www.focus.de
www.kreutzer.de
www.its.de
www.merian.de
www.neckermann-reisen.de
www.reiselinks.de
www.reiseplanung.de
www.reiseweise.de
www.studiosus.de
www.travel-finder.com
www.travel24.com
www.windrose.de
www.reise-know-how.de

LITERATURTIPPS

Reiseführer für Individualisten

Brodelnde Metropolen und Monumente der Weltkultur, geheimnisvolle Inseln und einsame Strände, lebendige Kulturen und faszinierende Natur – die Reiseführer von REISE KNOW-HOW ermöglichen große und kleine Urlaubsentdeckungen rund um den Globus.

- Detaillierte Beschreibung aller wichtigen Städte und Regionen
- Alle reisepraktischen Fragen von A bis Z
- Ausführliche Infos zu Land und Leuten, Natur und Gesellschaft
- Aktuelle und gesicherte Fakten
- Informative Landkarten und Stadtpläne
- Handliches Format und robuste Ausstattung

Zu den Bestsellern aus den über 200 Titeln (s. S. 152) gehören:
- R. Krack: *„Thailand"*
- H. Grundmann: *„USA/Canada"*
- H. Hermann: *„Südafrika"*
- W. u. S. Tondok: *„Ägypten individuell"*
- D. Kirst: *„Costa Rica"*
- Th. Barkemeier: *„Indien/Norden"*
- G. Urban, P. Rump: *„Bali, die Trauminsel"*

Reise Know-How Verlag, Bielefeld

Literaturtipps

KulturSchock

Diese Reihe vermittelt dem Besucher einer fremden Kultur wichtiges Hintergrundwissen. **Themen** wie Alltagsleben, Tradition, richtiges Verhalten, Religion, Tabus, das Verhältnis von Frau und Mann, Stadt und Land werden nicht in Form eines völkerkundlichen Vortrages, sondern praxisnah behandelt.

Der **Zweck** der Bücher ist, den Kulturschock weitgehend abzumildern oder ihm gänzlich vorzubeugen. Damit die Begegnung unterschiedlicher Kulturen zu beidseitiger Bereicherung führt und nicht Vorurteile verfestigt.

- KulturSchock – Mit anderen Augen
- KulturSchock Afghanistan
- KulturSchock Ägypten
- KulturSchock Brasilien
- KulturSchock China, mit Taiwan
- KulturSchock Golfemirate/Oman
- KulturSchock Indien
- KulturSchock Iran
- KulturSchock Islam
- KulturSchock Japan
- KulturSchock Marokko
- KulturSchock Mexiko
- KulturSchock Pakistan
- KulturSchock Russland
- KulturSchock Spanien
- KulturSchock Thailand
- KulturSchock Türkei
- KulturSchock Vietnam

Reise Know-How Verlag, Bielefeld

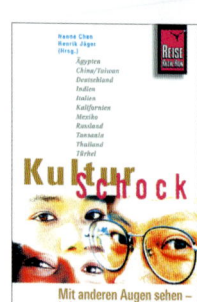

Praxis – die neuen handlichen Ratgeber

Wer seine Freizeit aktiv verbringt und moderne Abenteuer sucht, braucht spezielles Wissen, das in keiner Schule gelehrt wird. REISE KNOW-HOW beantwortet die vielen Fragen rund um Freizeit, Urlaub und Reisen in der Ratgeberreihe: „Praxis".

Helmut Schäfer
All inclusive?

Birgit Adam
Als Frau allein unterwegs

Roland Hanewald
Essbare Früchte Asiens

Hans Strobach
Fernreisen auf eigene Faust

Erich Witschi
Clever buchen – besser fliegen

Gunter Schramm
Internet für die Reise

Volker Heinrich
Reisefotografie digital

Hans-Jürgen Fründt
Reisen und Schreiben

Harald A. Friedl
Respektvoll reisen

Matthias Faermann
Schutz vor Gewalt und Kriminalität unterwegs

Roland Hanewald
Handbuch für Tropenreisen

Jeder Titel:
144-160 Seiten, robuste Fadenheftung,
Taschenformat 10,5 x 17 cm,
Register und Griffmarken
Weitere Titel siehe Seite 154

Alle Reiseführer auf einen Blick

Reisehandbücher
Urlaubshandbücher
Reisesachbücher
Rad & Bike

Afrika, Bike-Abenteuer
Afrika, Durch, Bd. 1
Afrika, Durch, Bd. 2
Agadir, Marrakesch
  und Südmarokko
Ägypten individuell
Alaska ✈ Canada
Algarve
Algerische Sahara
Amrum
Amsterdam
Andalusien
Äqua-Tour
Argentinien, Uruguay
  und Paraguay
Äthiopien
Auf nach Asien!

Bahrain
Bali und Lombok
Bali, die Trauminsel
Bali: Ein Paradies ...
Bangkok
Barbados
Barcelona
Berlin
Borkum
Botswana
Bretagne
Budapest
Bulgarien
Burgund

Cabo Verde
Canada West, Alaska
Canadas Ost, USA NO
Chile, Osterinseln
China Manual
Chinas Norden
Chinas Osten

Cornwall
Costa Blanca
Costa Brava
Costa de la Luz
Costa del Sol
Costa Dorada
Costa Rica
Cuba

Dalmatien
Dänemarks Nordseeküste
Dominikanische Republik
Dubai, Emirat

Ecuador, Galapagos
El Hierro
England – Süden
Erste Hilfe unterwegs
Europa BikeBuch

Fahrrad-Weltführer
Fehmarn
Florida
Föhr
Fuerteventura

Gardasee
Golf v. Neapel,
  Kampanien
Gomera
Gran Canaria
Großbritannien
Guatemala

Hamburg
Hawaii
Hollands Nordseeinseln
Honduras
Hongkong, Macau,
  Kanton

Ibiza, Formentera
Indien – Norden
Indien – Süden
Irland
Island
Israel, palästinensische
  Gebiete, Ostsinai
Istrien, Velebit

Jemen
Jordanien
Juist

Kairo, Luxor, Assuan
Kalabrien, Basilikata
Kalifornien, USA SW
Kambodscha
Kamerun
Kanada ✈ Canada
Kapverdische Inseln
Kenia
Kerala
Korfu, Ionische Inseln
Krakau, Warschau
Kreta
Kreuzfahrtführer

Ladakh, Zanskar
Langeoog
Lanzarote
La Palma
Laos
Lateinamerika BikeBuch
Libyen
Ligurien
Litauen
Loire, Das Tal der
London

Madagaskar
Madeira
Madrid
Malaysia, Singapur,
  Brunei
Mallorca
Mallorca, Leben/Arbeiten
Mallorca, Wandern auf
Malta
Marokko

Reise Know-How

Mecklenb./Brandenb.:
  Wasserwandern
Mecklenburg-Vorpomm.
  Binnenland
Mexiko
Mongolei
Motorradreisen
München
Myanmar

Namibia
Nepal
Neuseeland
  BikeBuch
New Orleans
New York City
Norderney
Nordfriesische Inseln
Nordseeküste
  Niedersachsens
Nordseeküste
  Schleswig-Holstein
Nordseeinseln, Deutsche
Nordspanien
Normandie

Oman
Ostfriesische Inseln
Ostseeküste MVP
Ostseeküste SLH
Outdoor-Praxis

Panama
Panamericana,
  Rad-Abenteuer
Paris
Peru, Bolivien
Phuket
Polens Norden
Prag
Provence
Pyrenäen

Qatar

Rajasthan
Rhodos
Rom
Rügen, Hiddensee

Sächsische Schweiz
Salzburg
San Francisco
Sansibar
Sardinien
Schottland
Schwarzwald – Nord
Schwarzwald – Süd
Schweiz, Liechtenstein
Senegal, Gambia
Singapur
Sizilien
Skandinavien – Norden
Slowenien, Triest
Spaniens
  Mittelmeerküste
Spiekeroog
Sporaden, Nördliche
Sri Lanka
St. Lucia, St. Vincent,
  Grenada
Südafrika
Südnorwegen,
  Lofoten
Sylt
Syrien

Taiwan
Tansania, Sansibar
Teneriffa
Thailand
Thailand – Tauch-
  und Strandführer
Thailands Süden
Thüringer Wald
Tokyo
Toscana
Transsib
Trinidad und Tobago
Tschechien
Tunesien
Tunesiens Küste

Umbrien
USA/Canada
USA, Gastschüler
USA, Nordosten
USA – der Westen
USA – der Süden

USA – Südwesten,
  Natur u. Wandern
USA SW, Kalifornien,
  Baja California
Usedom

Venedig
Venezuela
Vereinigte Arab. Emirate
Vietnam

Westafrika – Sahel
Westafrika – Küste
Wien
Wo es keinen Arzt gibt

Edition RKH

Burma/Myanmar – im
  Land der Pagoden
Durchgedreht –
  7 Jahre im Sattel
Finca auf Mallorca
Geschichten aus dem
  anderen Mallorca
Goldene Insel
Mallorquinische Reise
Please wait
  to be seated!
Salzkarawane, Die
Schönen Urlaub
Südwärts durch
  Lateinamerika
Traumstraße
  Panamerikana
Unlimited Mileage

Alle Reiseführer auf einen Blick

Praxis

Aktiv Algarve
Aktiv franz. Atlantikküste
Aktiv Gran Canaria
Aktiv Marokko
Aktiv Polen
All Inclusive?
Als Frau allein unterwegs
Bordbuch Südeuropa
Canyoning
Clever buchen/fliegen
Clever kuren
Daoismus erleben
Drogen in Reiseländern
Dschungelwandern
Essbare Früchte Asiens
Fernreisen a. eigene Faust
Fernreisen, eig. Fahrzeug
Fliegen ohne Angst
Fun u. Sport im Schnee
GPS f. Auto, Motorrad
GPS Outdoor
Heilige Stätten Indiens
Hinduismus erleben
Höhlen erkunden
Inline-Skaten Bodensee
Inline Skating
Internet für die Reise
Islam erleben
Kanu-Handbuch
Kommunikation/unterwegs
Kreuzfahrt-Handbuch
Küstensegeln
Maya-Kultur erleben
Mountain Biking
Orientier. Kompass/GPS
Paragliding-Handbuch
Pferdetrekking
Reisefotografie
Reisefotografie digital
Reisen und Schreiben
Respektvoll reisen
Richtig Kartenlesen
Safari-Handbuch Afrika
Schutz v. Gewalt/Kriminal.
Schwanger reisen
Selbstdiagnose u. Behandlung unterwegs
Sicherheit/Bärengeb.
Sicherheit/Meer
Sonne/Wind/Reisewetter
Survival-Handbuch, Naturkatastrophen
Tauchen kalte Gewässer
Tauchen warme Gewässer
Transsib Moskau-Peking
Trekking-Handbuch
Tropenreisen
Verreisen mit Hund
Vulkane besteigen
Wandern im Watt
Wann wohin reisen?
Was kriecht u. krabbelt in den Tropen
Wein-Reiseführer Dtschl.
Wein-Reiseführer Italien
Wildnis-Ausrüstung
Wildnis-Backpacking
Wildnis-Küche
Winterwandern
Wohnmobil-Ausrüstung
Wohnmobil/Indien
Wohnmobil-Reisen
Wracktauchen weltweit

KulturSchock

Afghanistan
Ägypten
Brasilien
China VR/Taiwan
Golf-Emirate, Oman
Indien
Iran
Islam
Japan
Jemen
KulturSchock – Mit anderen Augen sehen
Marokko
Mexiko
Pakistan
Russland
Spanien
Thailand
Türkei
Thailand
Türkei
Vietnam

Wo man unsere Reiseliteratur bekommt:

Jede Buchhandlung in der BRD, der Schweiz, Österreichs und in den Benelux-Staaten kann unsere Bücher beziehen. Wer trotzdem keine findet, kann alle Bücher über unseren Internet-Shop unter **www.reise-know-how.de** oder **www.reisebuch.de** bestellen.

Mit Reise Know-How ans Ziel

Die Landkarten des world mapping project bieten gute Orientierung – weltweit.

- Moderne Kartengrafik mit Höhenlinien, Höhenangaben und farbigen Höhenschichten
- GPS-Tauglichkeit durch eingezeichnete Längen- und Breitengrade und ab Maßstab 1:300.000 zusätzlich durch UTM-Markierungen
- Einheitlich klassifiziertes Straßennetz mit Entfernungsangaben
- Wichtige Sehenswürdigkeiten, herausragende Orientierungspunkte und Badestrände werden durch einprägsame Symbole dargestellt
- Der ausführliche Ortsindex ermöglicht das schnelle finden des Zieles
- Wasserabstoßende Imprägnierung
- Kein störender Pappumschlag, der den behindern würde, der die Karte unterwegs individuell falzen möchte oder sie einfach nur griffbereit in die Jackentasche stecken will

Derzeit rund 70 Titel lieferbar (siehe unter www.reise-know-how.de), z. B.:

Australien 1:4,5 Mio
Marokko 1:1 Mio
Thailand 1:1,2 Mio

world mapping project
Reise Know-How Verlag, Bielefeld

LITERATURHINWEISE

Kauderwelsch!

Die **Sprachführer der Reihe Kauderwelsch** helfen dem Reisenden, wirklich zu sprechen und die Menschen zu verstehen. Wie wird das gemacht?

- Die **Grammatik** wird in einfacher Sprache so weit erklärt, dass es möglich wird, ohne viel Paukerei mit dem Sprechen zu beginnen, wenn auch nicht gerade druckreif.
- Alle Beispielsätze werden doppelt ins Deutsche übertragen: zum einen **Wort-für-Wort,** zum anderen in "ordentliches" Hochdeutsch. So wird das fremde Sprachsystem sehr gut durchschaubar. Ohne eine Wort-für-Wort-Übersetzung ist es so gut wie unmöglich, einzelne Wörter in einem Satz auszutauschen.
- Die **Autorinnen und Autoren** der Reihe sind Globetrotter, die die Sprache im Lande gelernt haben. Sie wissen daher genau, wie und was die Leute auf der Straße sprechen. Deren Ausdrucksweise ist häufig viel einfacher und direkter als z.B. die Sprache der Literatur. Außer der Sprache vermitteln die Autoren Verhaltenstipps und erklären weitere Besonderheiten des Reiselandes.
- Jeder Band hat 96 bis 160 Seiten. Zu jedem Titel ist eine begleitende **TB-Kassette** (60 Min.) erhältlich.
- **Kauderwelsch-Sprachführer gibt es für über 90 Sprachen in mehr als 150 Bänden!**

Register

A

Abkürzungen 12
Ägypten 117
Aktiv-Urlaub 36
Alaska 113
Animismus 74
Antigua 36
Argentinien 104
Australien 142
Azoren 118

B

Badeurlaub 28
Bangkok 100
Barbuda 36
Belize 104
Bhutan 131
Bolivien 105
Bootstouren 48
Botswana 118
Brasilien 105
Buddhismus 74, 91
Buenos Aires 98
Burma 137
Büßerfeste 77

C

Chile 106
China 132
Cook-Inseln 144
Costa Rica 107

D

Damaskus 97
Divali-Fest 88
Dominica 36
Dominikanische Republik 107
Dubai 96

E

Ecuador 107

F

Fahrradfahren 54
Fidschi-Inseln 144
Florida 116

G

Galapagos-Inseln 108
Golfen 50
Grenada 36
Guadeloupe 36
Guatemala 109

H

Hanoi 100
Hauptsaison 20
Hawaii 113
Hinduismus 75, 88
Hongkong 101

REGISTER

I

Indien 132
Indonesien 134
Iran 128
Islam 75
Israel 128
Istanbul 100

J

Jahreszeit 24
Japan 134
Jemen 129
Jordanien 129
Judentum 76

K

Kairo 99
Kalifornien 115
Kambodscha 135
Kanada 109
Kanaren 12, 118
Kapstadt 94
Kapverden 119
Karibik 12, 110
Kenia 119
Korea 135
Kuba 111

L

Länderzuordnung 9
Laos 135
La Réunion 120
Leewards-Islands 36

M

Madagaskar 120
Madeira 121
Malaysia 136
Malediven 136
Marokko 121
Martinique 36
Mauritius 77, 122
Mexico-City 95
Mexiko 111
Mongolei 137
Myanmar 88, 137

N

Namibia 122
Naturerlebnis 68
Nebensaison 20
Nepal 137
Neuseeland 143

O

Oman 130
Orient 128
Osterinsel 112

P

Pakistan 138
Peking 97
Peru 112
Pflanzenwelt 72
Phaungdaw-Oo-Festival 88
Philippinen 138
Pushkar-Festival 90

Register

R

Ramadan 76
Rarotonga 144
Regenzeit 21
Regionen, geografische 12
Reisezeit 20
Reiten 58
Religionen 74
Rio de Janeiro 96

S

Sambia 123
Segeln 36
Seychellen 123
Simbabwe 124
Singapur 138
Sri Lanka 139
St. Kitts 36
St. Lucia 36
St. Martin 36
St. Vincent 36
Städtetouren 94
Südafrika 125
Südostasien 12
Südsee 144
Syrien 130

T

Taiwan 140
Tansania 126
Tauchen 44
Thailand 140
Tibet 141
Tierwelt 68
Trekking 62

Tunesien 127
Türkei 130

U

USA 112

V

Vancouver 98
Venezuela 116
Vereinigte Arabische
   Emirate 131
Vietnam 142
Virgin-Islands 36

W

Wandern 62
Wesak-Poya-Fest 82
Westsamoa 144
Windwards-Islands 36

Über den Autor

Über den Autor

Hans Hörauf, Jahrgang 1939, unternimmt seit vielen Jahren Fernreisen in alle Teile der Welt. Sein Schwerpunkt war und ist dabei sein Lieblingskontinent Asien, wo er viele Länder mehrmals bereiste, z. B. China und Taiwan, Japan, ganz Südostasien, besonders Indien und Sri Lanka, Thailand, Myanmar, Laos, Vietnam, Kambodscha, Malaysia, die Philippinen und vor allem die verschiedenen Regionen Indonesiens.

Aber auch Nord- und Mittelamerika, Nordafrika, den Vorderen Orient, Teile Australiens, Neuseelands und der Südsee kennt der studierte Geograf aus eigener Anschauung. Aus diesen vielen Reisen und aus intensivem Studium der Klimakunde sowie von Reisebüchern und Internet-Seiten ist das vorliegende Buch entstanden.

Der Autor ist es gewohnt, Wissen an andere weiterzugeben: Er tat dies gerne als Lehrer für Deutsch, Geschichte und Erdkunde am Gymnasium, noch lieber als Dozent an der Hochschule in Indonesien und nicht zuletzt mehrere Jahre lang als Reiseleiter auf Java und Bali, seiner zweiten Heimat. Dem Germanisten war es darüber hinaus ein Bedürfnis, seine wichtigsten Erfahrungen auch schriftlich festzuhalten und sie somit einem breiteren Leserkreis zugänglich zu machen.